KB202687

고난은
축복이더라

고난은
축복이더라

"하나님의 계획하심 안에 있다면 나는 안전하다"

알파(최지훈) 지음

좋은땅

◆ 프롤로그 ◆

'고난은 축복이더라'는 제목을 정할 때부터 이질적인 문장에 부딪혔다. '하나님은 왜 이 문장을 두 번째 책의 제목으로 주시는 걸까?'라는 생각의 굴레 속에서 많이 고민한 게 사실이다. 고난을 즐겁고 감사한 마음으로 받아들일 수 있는 사람이 몇 명이나 될까? 이 어려운 답을 제시할 수 있게 된 것은 하나님의 역사하심이 고난 후에 축복으로 온다는 것을 경험하면서다.

'왜 신앙인들은 고난의 시간을 견뎌 내고 감사해야 할까? 고난의 시간은 건너뛰고 축복만 받으면 되지 않나?'라는 질문을 하지 않을 수 없다. 그 답은 간단하다. 인간이 죄인이기 때문이다. 고난의 시간 없이 축복을 먼저 받으면 그 복을 담을 그릇이 없어서 그 축복이 사라져 버린다. 길가에 내놓은 아이처럼 우리는 조금만 풀어 주면 빛의 속도로 죄의 굴레에 빠져 들어가게 된다.

하나님은 쉽게 재물을 주시지 않는다. 그 이유가 무엇일까? 바로 인간의 연약함을 잘 아시기 때문이다. 로또를 예로 들어 보자. 통계에 의하면 수많은 로또 당첨자들이 그 재물의 무게를 견디지 못해 망한다고 한다. 한순간에 받아든 일확천금을 감당할 그릇이 되지 않기 때문이다.

우리는 쉽게 하나님께 재물을 구한다. 그러나 그 무게를 감당할 수 있는 그릇이 되는지 반드시 확인해야 한다. 만약 그릇이 된다면 그 안에 담겨 있을 때 그릇의 색상이 바뀌지 않을 수 있는지도 체크해야 한다.

하나님께서 주신 재물을 그가 원하시는 방향대로 잘 흘려보낼 수 있는지가 중요하기 때문이다. 재물을 받았는데 나의 원대로만 사용한다든지, 교만함과 자만심에 빠져 허우적거리면 그 재물을 다시 회수하시기 때문이다.

그렇다면 왜 하나님은 우리에게 재물이나 재능을 주시기 전에 고난을 주시는 것일까? 그렇다. 하나님 없이는 아무것도 할 수 없음을 우리 피조물들이 인정해야 한다는 것을 알려 주고 싶으신 것이다. 내가 이해할 수 있는 범위 내에서 고난을 주셨으면 하는 생각을 누구나 한다. 정말 하나님이 그렇게 해 주신다면 내 인생의 축복은 없다고 보면 된다. 인간이 생각할 수 있는 부분과 하나님의 계획은 아주 큰 차이가 있다. 하늘과 땅만큼의 갭이 존재한다.

'고난은 축복이더라'라는, 말도 되지 않는 문장을 마주하며 해머로 한 대 맞은 듯한 감정을 느끼기를 바란다. 고난의 무게가 너무 무거워 견딜 수 없는 시점부터 이 글을 작성하게 하신 하나님의 계획이 놀라울 뿐이다.

부족한 종을 사용하시기 위해 긴 시간 동안 둘러 가게 하셨다. 그 계획을 조금이나마 알게 하신 하나님께 감사와 찬양을 이 서적을 통해 올려 드린다.

또한 고난의 무게를 견디기 힘들어 '이 고난이 저주가 아닐까?'라고 생각하는 안타까운 실수를 범할 수 있는 수많은 크리스천 동역자들에게 이 책이 큰 위로와 기쁨이 되길 바란다.

험난한 고난의 경로를 함께해 준 아내와 우리 가족, 장인어른, 장모님 그리고 우리 딸에게 감사하다는 말을 전하고 싶다.

이 책이 나올 수 있도록 늘 지지하고 응원해 주신 많은 분들께도 감사함을 전하고 싶다.

◆ CONTENT ◆

3장 성공

4장 고난

5장 축복

6장 성숙

7장   **묵상**

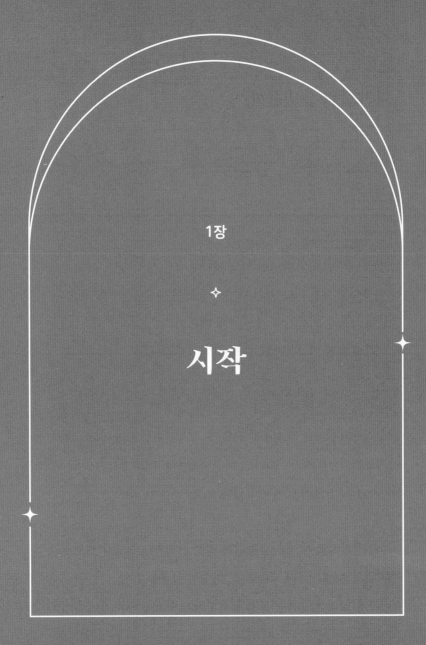

1장

◇

시작

1-1.

과연 잘될 수 있을까?

멀쩡한 회사를 잘 다니던 어느 날, '내 꿈은 사업가였는데'라는 생각
이 머릿속을 스쳐 지나갔다. 대기업에 들어와 승승장구하며 회사에서
인정받고 있던 그 순간에 과연 무엇 때문에 그런 생각을 했던 걸까? 지
금 생각해 보면 그것은 기도 때문이었던 것 같다.

하나님은 실수하지 않으시는 분이다. 초등학교 5학년 때 수련회를
통해 기도의 중요성을 배우게 되었고 그때부터 두 가지 기도 제목을 두
고 기도하기 시작했다. 하나는 배우자를 위한 기도, 그리고 한 가지는
사업가가 되는 꿈에 대한 기도였다.

어린 생각에도 사업을 잘하려면 정말 현명하고 현숙한 배우자가 있
어야 한다고 생각했기 때문이다. 하나님이 주신 귀한 배필은 정말 만
나기가 힘들어서 많은 기도가 필요하다는 수련회 강사 목사님의 말씀

이 아직도 기억이 난다.

정확히 초등학교 5학년 때부터 배우자를 위한 기도를 했다. '하나님, 하나님을 믿는 아내를 주세요', '하나님, 대화가 잘 통하는 아내를 주세요', '모태신앙인 아내를 주세요' 등등 기도 제목은 다양했다.

기도의 응답은 2010년 5월 1일 결혼식을 올리며 이루어졌다. 하나님은 많은 부분이 부족한 필자에게 현숙한 여인을 나의 아내로 붙여 주셨다.

그때 쌓은 기도의 제단이 축복이 되어 아내와 지금까지 정말 감사하고 행복한 시간을 보내오고 있다.

다시 돌아와서 머릿속을 잠시 스쳐 지나간 사업 생각은 멀쩡한 회사에 다니고 있는 그 순간에도 내내 계속해서 머리를 서울, 부산 고속도로를 단숨에 달리는 듯한 느낌으로 빠른 속도로 관통하곤 했다. 결국 아내에게 이 내용을 말했고 기도로 고민해 보기로 했다.

기도하며 하나님의 계획하심이 무엇인지 알려 달라고 자주 말하곤 했다. 얼마간 기도의 시간을 보낸 끝에 회사를 개업하기로 결정하고 가족들과 기도로 오픈을 준비했다.

누구나 새로운 시작은 설렘과 두려움을 동반하듯 그때부터 머릿속에 '과연 잘될 수 있을까?'라는 질문이 머리를 채울 수 있는 모든 공간을 차지하는 시간을 보냈다. 심지어 여백으로 남겨진 공간까지도 이 질문에 대한 답을 찾기 위해 채워졌었던 것 같다.

아내와 기도하면서 이 부분에 대한 답은 우리가 찾을 수 없다고 결론을 내리고 '잘할 수 있을까?'를 '잘하자'로 바꾸며 사업장 오픈 계획을 잡고 절차를 진행하게 되었다.

회사를 다닌 게 사회생활의 전부여서 모든 것이 낯설고 어려웠다. 모든 과정 하나하나가 새롭고 잘 모르는 부분이라 즐거운 마음과 함께 어려움이 공존했다.

모든 과정을 하나씩 익혀 가면서 하나님의 인도하심으로 무사히 매장을 오픈할 수 있었다.

기도로 시작하고 마무리하는 하루

오픈을 준비하면서 하루하루는 참 빠르게 지나갔다. 모르는 것들을 알아 가며 배우는 시간이었다. 하루에 하나둘씩 크고 작은 일들을 해결했다. 이 시기의 우리는 가장 하나님과 가깝게 지냈다. 매일 아침 눈 뜰 때 그리고 매일 밤 잠자리에 들 때 하나님께 기도했다. 늘 우리와 함께해 달라고 그리고 우리의 앞길을 지켜 달라고.

기도로 시작하는 아침과 기도로 마무리하는 밤은 현실적인 상황과는 별개로 엄청난 축복의 시간이었다. 하나님과 동행하는 삶 그리고 그것을 느끼고 체험하며 살아가는 삶은 세상의 부와 명예의 기준과는 별개로 움직이는 것이었다.

우리는 인간이기에 늘 세상의 기준 사회적 가치, 그리고 우리 주변에 함께하는 수많은 사람의 눈과 입에 신경을 곤두세우며 살아간다. 이에 따라 가장 중요한 가치인 하나님과의 관계로 오는 감사와 행복을 잊을 때가 있다.

이때의 아내와 필자는 하나님과 동행하는 삶의 가치와 부요에 대해 정확하게 인지하고 있는 상태가 아니었다. 단지 우리의 필요로 인해 하나님을 찾았다. 그렇지만 분명 그때에도 지금도 하나님은 연약한 우리와 함께해 주신다.

하나님은 실수하지 않으신다. 그렇게 연약한 우리 부부를 사랑으로 이끌어 주시고 기도하는 그 순간순간마다 함께해 주셨다. 하나님은 그렇게 그분의 방법과 순리대로 우리를 사랑해 주셨다.

매일 아침 하나님께 드리는 기도의 시간은 감사와 찬양을 드릴 내용들이 우리 삶에 참 많다는 것을 알게 해 주었고 설렘과 두려움의 감정이 공존하는 그 순간의 우리에게 참 많은 위로와 감사의 제목이 되었다.

한 가지 아쉬운 것은 그 시간을 정말 사모하고 기뻐하였다기보다는 멋모르고 우리가 필요해서 가진 시간이었다는 점이다. 인지해서 하는 행동과 인지하지 않고 하는 행동은 다르다.

예를 들어 아이가 하는 기도와 어른이 하는 기도는 다르다. 아이는 '주세요, 주세요' 기도를 한다. 모든 원함의 주체가 나에게 포커싱되어 있다. 반면 어른의 기도는 본인의 생각과 의사를 중심으로 기도하는 것이 아니라 하나님의 뜻이 무엇인지 구하고 그에 따라 살아가는 것을 중시한다.

그때의 필자의 신앙은 어린아이의 신앙이 아니었나 싶다. 그럼에도 불구하고 하나님은 어린아이의 신앙으로 다가서는 우리 부부의 기도를 들으시고 응답하시고 아껴 주셨다.

아침은 기도로 시작하고 마무리는 저녁 기도로 하는 하루의 일상은 무언가로 꼭 채울 필요 없는, 풍요로움이 있는 시간이었다. 세상의 가치와 기준과는 별개로 또 다른 부요함이 있었다. 하나님이 주시는 평안은 기도를 통해서 온다. 그 경험은 귀하고 거룩하고 너무나 감사한 경험이다.

1-3.

하나님께 물어라

어린아이의 신앙을 가진 우리 부부였다. 사업을 시작하면 다 잘될 줄 알았다. 모든 일이 잘 풀렸을까? 오픈하자마자 승승장구하며 대박이 터졌을까? 아니다. 그렇다면 우리 부부는 하나님을 그렇게 열심히 아침저녁으로 찾지 않았을 것이다. 앞서 언급한 것처럼 어린아이의 신앙이었기 때문에 더더욱 그랬다.

당연히 회사를 개업하고 쉽게 매출이 나오지 않았다. 회사에 재직했던 기간 동안 잘했었기 때문에 어느 정도는 할 것이라는 나름의 자부심이 있었다. 그것은 착각일 뿐이었고 실제로 펼쳐진 정글 같은 현실은 그렇게 녹록하지 않았다.

오픈 후 아내와 함께 발품을 팔며 신축 현장도 돌아다니고 전단지를 만들어 각 가정에 뿌리기도 하면서 노력했다. 경비하시는 분들에게 어려움도 당했다. 주택에 사는 분들께 핀잔을 들어가며 회사를 정상 궤도에 올리기 위해 노력했다. 노력했으니 바로 잘 풀렸을까? 아니다. 몇 개월간 마음 고생하는 시간을 보냈다. 일이 생각처럼 풀리지 않았다.

이때를 생각해 보면 하나님을 찾게 하시기 위해 그런 시간을 경험하게 하셨다는 생각이 든다. 그때는 '왜 우리를 이렇게 힘들게 하실까?'라는 생각이 강하게 들었는데 지나서 생각해 보니 그건 정말 필요한 시간이었다.

"힘든 시간을 경험하는 것을 감사하라"는 목사님들의 설교를 들을 때가 있다. 그럴 때마다 우리는 '저게 무슨 소리지?'라는 생각을 했다. 이제 와서 보니 현실의 굴레 속에 앞만 보고 달려가기 바쁜 현대인의 삶에 필요한 것은 하나님을 경험하는 것이다. 하나님을 알고 하나님을 제대로 배우는 유일한 방법이 고난이라는 것을 깨닫는다. 힘든 인생의 경로만큼 좋은 재료는 없다.

하나님과의 교감으로 행복한 시간과는 별개로 현실의 어려움은 여전히 해결되지 않았다. 그래서 우리는 또 기도했다. 그리고 하나님께 물었다. "어떻게 해야 합니까? 하나님 어떻게 해야 합니까? 어떤 방법이 있을까요?"라고 기도하고 또 기도했다.

도깨비방망이처럼 짠 하고 해결책을 주실 것 같지만 하나님의 방법은 그런 게 아니었다. 어려움 속에서 계속해서 하나님께 기도하면서 하나님의 섭리를 조금씩 경험했다. 그때는 그게 그렇게 감사하고 기쁜 내용들인지도 잘 몰랐다. 너무 어린아이의 신앙이었기 때문이다.

어려워하던 순간 협력사와 협업할 방법을 알게 하셨다. 조심스럽게 하나둘씩 해 나가게 되었다. 그러던 중 은혜롭게도 매출이 일어나기 시작했다. 어려웠던 상황들은 풀리고 걱정했던 내용들이 정리되기 시작했다.

그렇게 안정을 찾아가는 시간이 조금씩 지속되자 문제가 나타나기 시작했다.

바로 아침과 저녁 그렇게 간절히 기도하던 시간이 조금씩 줄어들기 시작한 것이다. 정말 심각한 문제는 그 기도의 시간의 중요성을 자각하지 못하고 있었던 것이었다. 다행스러운 것은 하나님의 사랑은 실로 엄청나다는 것이다. 우리가 조금씩 변한다고 바로 어려움을 주시지 않으셨다.

회사는 안정을 찾고 생활은 여유를 가지게 되었다. 그러나 하나님과 함께하는 감사와 부요 그 기쁨의 시간과는 조금씩 멀어지기 시작했다.

그 시간이 조금씩 쌓이다 보니 결국 또 새로운 어려움이 우리 앞에 나타났다.

1-4.

기도하고 또 기도하자

매일 기도로 시작하고 기도로 마무리하는 건 같았지만 그 시간과 횟수가 줄어들고 삶에 타성이 생기기 시작할 때 위기가 찾아왔다.

창원에서 오픈하느라 가진 자금을 모두 쏟아부었다. 그때에 하나님께서 회사를 부산으로 이전할 환경들을 열어 주셨다. 고민할 수밖에 없었다.

'이대로 안정에 오른 매출을 유지하면서 회사를 유지할 것인가? 아니면 성장을 위해 부산으로 이전을 결정할 것인가?'에 대한 고민의 시간이 우리 앞에 펼쳐졌다.

우리는 하나님 앞에 간절히 엎드리는 것에 익숙하지 않다. 그래서 '하나님은 우리에게 이 어려운 숙제를 해결하라고 하시는 건가?'라는 생각이 들어야 기도의 자리로 나아간다.

 내 힘으로 해결할 수 없다는 생각이 들어야 기도의 자리로 나아간다. 해결 못 할 문제들이 있어야 하나님을 더욱더 간절하게 찾는 게 우리의 모습이다. 삶에 주어진 어려운 숙제는 기도의 시간으로 다가설 수밖에 없다.

 하나님이 주신 숙제를 해결하기 위해 다시 아침저녁으로 하나님을 간절히 찾기 시작했다. 우리의 앞날을 어떻게 예비하셨는지 알 수 없는 미래를 위해 하나님께 기도하고 또 기도했다. 기도의 시간들로 무장된 우리 가족은 쉽게 결정할 수 없을 것 같던 부분들을 하나씩 정할 수 있었다. 결국 부산으로의 이전을 결정하게 되었다.

 그 당시 우리에게 주어졌던 엄청난 고정비와 비용은 기도로 무장된 우리 가족 앞에 큰 두려움이 아니었다. 그렇게 부산으로 오게 되면서 늘 감사의 제목들을 찾고 하나님 앞에 온전히 다가섰던 우리 모습을 기억하게 된다.

 '하나님은 왜 우리에게 계속해서 고난과 역경을 주시는 걸까?'라는 생각 앞에 정답은 '기도하고 또 기도하라'는 것임을 깨달았다. 시간이 지난 다음에 비로소 느끼는 것은 우리의 부족함 때문임을 알게 된다.

어려움과 힘든 순간에만 하나님을 찾는 것이 아니라 일상생활 속에서 하나님을 찾고 간구해야 한다. 우리의 모든 발걸음 속에 어떤 일을 하든지 그 순간을 기도와 간구로 하나님을 찾아야 한다. 기도는 그렇게 우리의 삶의 방향성을 설정해 주는 이정표가 되어 준다.

도저히 앞이 어떻게 펼쳐질지 알 수 없는 태풍을 온몸으로 맞서 나가야 할 때가 있다. 그때 우리는 하나님의 임재를 가장 강하게 경험할 수 있다. 바로 기도를 통해서다. 하나님을 온전히 내 마음과 머리와 가슴으로 받아들이고 싶다면 내 삶의 어느 순간에 국한된 기도를 해서는 안 된다. 매번, 매시간 하나님을 찾는 기도를 해야 한다.

1-5.

범사에 기도하자

성경 말씀 데살로니가전서 5장 16~18절에 보면 "항상 기뻐하라. 쉬지 말고 기도하라. 범사에 감사하라. 이것이 그리스도 예수 안에서 너희를 향하신 하나님의 뜻이니라"[1]라는 말씀이 있다.

쉬지 말고 기도하라는 말은 범사에 기도하라는 말로도 연결할 수 있다. 이 말씀을 생각해 보면 항상 기뻐하고 늘 기도하고, 매 순간 감사하라는 말이 된다. 이게 가능한 일일까? 우리의 일상은 생각보다 복잡하다. 고민과 염려가 여기저기 자리 잡고 있다. 잊을 만하면 불쑥 얼굴을 내민다.

염려는 오랜만에 만나는 사촌처럼 반가운 얼굴이면 좋으련만 보고

---

[1] 데살로니가전서 5장 16~18절

싶지 않은 사람의 얼굴을 하고는 잊을 만하면 나타난다. 불청객이 찾아오면 어떻게 해야 하나? 눈에 보이는 사람 같으면 멀리 쫓아내기라도 하면 된다. 그런데 이 염려라는 녀석은 얼굴도 형체도 없이 내 마음 깊숙이 자리를 잡고 있다가 불쑥 나타난다.

우리에겐 이 염려를 이길 힘이 없다. 그럴 때면 그저 기도해야 한다. 하나님께 간구해야 한다. 전능하신 하나님의 인도하심을 구해야 한다. 그 길만이 살길이다. 하루 주어진 24시간을 늘 기도하는 자세로 살아가 보자. 그 속에 역사하시는 하나님을 경험하게 된다.

아침에는 눈을 떠서 감사하다고 고백하며 하루를 시작하자. 그리고 매시간, 매분 일상의 모든 것들을 두고 기도해 보자. 그렇게 내 주변을 떠나지 않고 나를 괴롭히던 염려가 형체를 알아보기 힘들게 사라지는 경험을 하게 될 것이다.

하나님은 만물의 주관자이시다. "하나님, 우리 힘으로 아무것도 할 수 없습니다. 저와 동행해 주셔서 저의 삶을 하나님의 뜻대로 인도해 주세요"라고 기도해야 한다. 그 기도를 통해 내 삶 속에 함께하시는 하나님을 경험하게 된다.

매일 기도로 채워 가면 하나님의 살아 역사하시는 일들을 생생하게 경험하며 살아가게 된다. 그것이 기적이다.

마태복음 10장 50~52절에 보면 시각장애인 바디매오가 고침을 받는 모습이 나온다.

> 시각장애인이 겉옷을 내버리고 뛰어 일어나 예수께 나아오
> 거늘 예수께서 말씀하여 이르시되 네게 무엇을 하여 주기를
> 원하느냐. 시각장애인이 이르되 선생님이여 보기를 원하나
> 이다. 예수께서 이르시되 가라. 네 믿음이 너를 구원하였느
> 니라 하시니 그가 곧 보게 되어 예수를 길에서 따르니라.[2]

우리 삶에도 바디매오의 기적이 늘 일어날 수 있다. 그 중심에는 하나님이 있고 내 곁에 계시는 성령님이 있다. 내 삶에 자주 찾아오는 염려를 기도로 날려 보내자. 기도하는 삶에 기적을 경험하게 해 주시는 분이 하나님이시다. 바디매오가 보기를 원한다고 간절히 예수님께 나아온 것처럼 간절한 마음을 갖고 하나님께 기도하며 나아가자.

하나님은 범사에 기도하며 하나님 앞에 온전히 엎드리는 하나님의 자녀들을 늘 기억하시고 사랑해 주신다. 고민이 있는가? 염려가 있는

---

2) 마태복음 10장 50~52절

가? 매일 기도하는 시간을 늘려 보자. 그 속에 역사하시는 하나님의 섭리를 느끼며 당신의 믿음이 성장하는 삶을 살게 되는 경험을 하게 될 것이다.

1-6.

기도로 호흡하는 삶을 살아가자

기도는 호흡이라는 말을 자주 듣고 자주 생각한다. 하루 24시간은 누구에게나 동일하게 주어지는데 기도하는 시간은 천차만별이다. 하루 10초, 1분, 10분, 30분, 60분, 100분, 200분, 300분 등 기도하는 시간은 개인마다 큰 차이가 있다.

긴 시간을 기도하는 사람들이 모두 목회하는 분들일 것 같지만 자세히 알아보면 그런 경우도 있고 아닌 경우도 있다. 기도를 정말 숨 쉬는 것과 동일하게 생각하며 걷는 걸음걸음마다 기도하고, 식사할 때, 일할 때 하루 종일 기도하는 분들이 있었다.

기도를 꼭 두 손 모으고 한자리에서 눈 감고 하나님께 읊조려야만 하는 것은 아니다. 물론 그런 깊은 하나님과의 대화의 시간도 필요하다. 그러나 일상을 살아가는 평신도들에게 두 손을 모으고 기도할 시간이 몇 시간씩 허락되지는 않는다.

그럼 어떻게 해야 하는 걸까? 앞서 언급한 것처럼 일상에서 기도하면 된다. 아침에 눈을 떠서 "하나님 감사합니다. 오늘 하루도 하나님 뜻대로 살아갈 수 있게 하여 주시고 저와 동행하여 주소서"라고 기도하며 하루를 시작한다.

출근을 하는 차 안에서는 "하나님, 오늘도 운전할 때 저를 지켜 주시고 업무 속의 모든 일이 합력하여 선을 이룰 수 있도록 하여 주세요. 예정된 미팅과 직원들의 컨디션 그리고 업무 처리들이 원활하게 진행될 수 있도록 도와주세요"라고 기도한다.

출근해서는 "하나님, 사업장을 축복하여 주시고 하나님의 일을 하는 통로로 쓰임받을 수 있도록 하여 주세요. 늘 하나님의 동행하심으로 하나님의 축복을 흘려보낼 수 있는 통로가 될 수 있게 하여 주세요"라고 기도한다.

식사 시간에는 일용할 양식을 주셔서 감사, 업무를 마친 후에는 하루의 일을 잘 마칠 수 있음에 감사하는 기도를 드리며 늘 기도하기에 힘쓰면 된다. 매사에 기도하지 않을 이유가 없다. 하나님은 우리의 기도를 듣고 늘 동행해 주신다.

기도로 중무장한 삶을 살자. 기도가 온몸과 마음을 휘감도록 해 보자. 공기처럼 기도하지 않으면 숨을 쉴 수 없는 사람으로 스스로를 변화시켜 보자. 내 삶이 기적으로 변하는 걸 경험하게 될 것이다.

하나님이 기도하는 우리와 함께하실 때 우리 삶은 기적이 넘치는 삶이 된다. 그 기적 같은 삶은 기도하지 않는 사람은 경험할 수 없다. 눈 뜨고 눈 감을 때까지 기도하기 위해 몸부림치는 삶을 살아 보자.

그 모습을 기뻐하시는 하나님의 동행하심의 은혜가 우리 삶을 기쁨과 감사로 넘치게 채워 주신다. 분주함과 바쁜 삶을 사는 현대인들이 불과 100년 전과 비해서 훨씬 더 부요한 삶을 산다. 풍요 속의 빈곤이라고 현대인의 마음은 늘 가난하다. 늘 마음이 허전하고 공허하다.

하나님과 동행하지 않는 삶이기에 공허와 허전함이 넘치는 것이다. 그 빈 공간을 채울 유일한 방법은 기도다. 기도를 통해 성령님을 우리 마음에 온전히 거하시게 하는 것이 가장 현명한 해결책이다. 하나님의 동행하심이 우리 속에 넘쳐날 때 우리 삶은 부요해진다는 것을 아는 현명함이 필요하다.

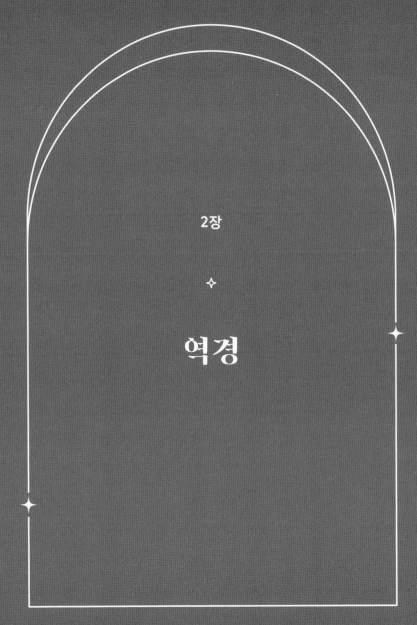

2장

⋄

역경

마음먹은 대로 되지 않을 때

인생의 방향성은 늘 마음대로 되지 않는다. 조금 잘 가나 싶으면 또 새로운 역경과 고난이 기다리고 있다. 좀 순조롭나 싶으면 또 새로운 어려움을 마주하게 된다.

태어나서 초등학교 시절을 지나 중학교, 고등학교, 대학교를 다니는 교육 과정을 지나면 대체로 사회에 첫 발을 내딛을 준비를 한다.

이 준비 과정 속에 마음먹은 대로 되지 않는 순간을 만나게 된다. 대기업에 취업을 준비하던 시절 이력서를 접수하던 기간은 마음이 무거웠던 시간이었다. 나름대로 이력서 빈칸들을 채워 준비했기에 쉽게 서류 통과가 될 줄 알았다.

생각보다 서류 통과는 쉽지 않았다. 감사하게도 여러 번의 시행착오

끝에 각 기업마다 원하는 인재상과 바라는 내용이 다름을 알 수 있었다. 마음먹은 대로 되지 않을 때는 그저 답답하기만 했는데 그 답답한 순간에 하나님은 기도하게 하셨다.

그 길을 지날 때는 늘 '왜 나에게 이런 일이 생기는 걸까? 왜 나만 쉽지 않은 걸까?'란 생각이 든다. 이런 생각은 연약한 인간의 생각이며, 우리가 무너지기를 바라는 마귀의 계략임을 명심해야 한다.

마음먹은 대로 되지 않을 때가 바로 감사할 때다. 역설적이지만 마음대로 되지 않을 때 가장 하나님께 나아가 낮은 자세로 기도하기 때문이다. 하나님께 기도하며 지혜를 구하면 답이 나온다. 이 상황을 통해 우리가 배우고 알아가야 할 부분은 무엇인지 알게 된다. 기도 없이는 하나님의 의도를 알 수 없다. 답답할 때 기도로 나아가다 보면 하나님의 뜻을 깨닫게 된다.

매일 정해진 시간에 기도하면 좋다. 기도하면 하나님의 음성을 들을 수 있게 된다. 우리는 늘 하나님 뜻대로 살기를 원하면서 기도는 적게 한다. 하나님은 그것을 알게 하기 위해 늘 깨어 기도하라고 하신다. 어려움이 오고 마음먹은 대로 일이 되지 않는 그 순간은 바로 기도해야 하는 순간 이다.

우리의 인간적인 논리대로라면 기도로 순종하는 사람은 어려움이 없어야 맞다. 그런데 결과는 어떠한가? 일단 고난부터 만나게 된다. 고난의 강을 건너고 나서야 하나님의 뜻을 알게 된다.

고난의 강을 건너는 방법은 기도뿐이다. 기도를 한다고 고난을 만나지 않는 것은 아니다. 그럼 기도하지 말아야 할까? 그건 더 잘못된 생각이다. 기도를 통해 축복의 통로를 열 수 있다. 고난 다음에 하나님이 축복을 주시기 때문이다.

고난의 시간을 지나오다 보면 살아 계신 하나님을 찬양하게 되는 때가 있다. 하나님의 역사하심이 우리가 생각했던 인간적인 방식과 다를 수 있음을 인정해야 한다. 그래야 기적을 경험할 수 있다. 고난을 극복하는 방법은 기도이지만 그 기간을 지나면서 하나님의 임재와 기적을 경험하게 된다.

그리스도인들은 늘 하나님께 기도하며 살아가야 한다. 그렇게 하나님의 동행하심 속에 기적을 체험하고 경험하며 살아가야 한다.

기도를 하다 보면 믿음의 눈이 열린다. 고난 속에 믿음의 눈이 열게 해 주신 하나님께 감사하게 된다. 고난 속에 역사하시는 하나님을 경험하게 된다. 하나님은 일하시는 분이시고 실패가 없으신 분이시다. 모든 사건과 상황에 하나님이 개입하고 계신다.

2-2.

견뎌 내야 할 시간이 필요한 이유

우리는 무언가를 이루고 싶어 하면서 견디기는 싫어한다. **성공한 사람이 되려면 그 결과물을 얻기까지 큰 노력과 인내의 시간이 필요하다.**

어릴 때 꿈꾸는 미래의 직업에 대해서도 어떤 목표를 설정하면 그것을 이루기까지 수많은 시간과 과정들이 필요하다. 하지만 대부분 사람이 과정을 보기보다는 결과만을 본다. "저 사람은 지금 저 자리에 있어서 그럴 수 있는 것 아냐?" 이런 식으로 말한다.

많은 사람이 되고 싶어 하는 이른바 '사' 자 계열의 직업을 꿈꾼다고 하자. 의사, 판사, 변호사, 검사 기타 등등의 직업들을 볼 때도 의사가 되려면 적어도 대학교 졸업 후 레지던트 과정 기타 등등의 경험 등을 동반해야만 전문의가 될 수 있다. 의과대학에 입학하기 위해서 고등학교까지

꾸준히 공부하고 일정 수준의 성적을 득해야만 입학을 할 수 있다.

판사, 변호사, 검사도 마찬가지다. 대학을 졸업하고 로스쿨을 나오고 시험에 합격해야 갈 수 있는 길이다. 그런데 많은 이들이 결과만 보고 얘기한다. 저 사람은 이렇다 저렇다 하면서 현재의 결과물만 가지고 얘기할 때가 많다. 그럴 때는 참 아쉬울 때가 많다.

우리가 잘 알고 있는 마이크로소프트의 빌 게이츠와 애플을 일군 스티브 잡스도 실패의 대명사였다. 그들은 그 실패를 딛고 일어났기에 지금의 자리에 올라갈 수 있었고, 수많은 사람들의 존경과 명예를 얻을 수 있었다.

하지만 이 실패의 과정을 주목하는 이는 많지 않다. 사람들은 성공으로 완성된 긍정적인 부분만 보고 싶어 한다. 분명히 기억해야 할 것은 실패하는 과정과 고난을 잘 견뎌 내야 원하는 곳으로 갈 수 있고 원하는 결과물을 얻을 수 있다는 것이다.

당신은 어떤 계획과 꿈이 있는가? 견뎌 내는 것이 너무 힘든가? 그럴 때는 어떻게 해야 하는 것일까? 그렇다. 기도해야 한다. 하나님은 늘 기도로 연단되고 하나님이 귀하게 쓰실 때 그 쓰임을 감당할 수 있는 자가 되길 원하신다.

필자는 요즘 오전 9시, 오후 12시, 오후 3시, 오후 6시, 오후 8시에 휴대폰 알람을 맞춰 두고 그 시간마다 짧게라도 기도하고 있다.

깊게 기도할 수 있을 때는 조금 더 하고 오래 할 수 없을 때는 짧게 한다. 그렇게 기도하면 나를 향한 하나님의 계획을 다 알 수 없지만, 현재 나에게 주어진 삶을 조금 더 잘 견뎌 낼 수 있게 된다. 하나님은 우리에게 선물을 주시기 위해 고난을 잘 감당할 수 있는지도 항상 같이 염두에 두고 그 길을 지나게 하신다.

인생을 살아가면서 견뎌 내는 시간은 정말 중요하다. 그 과정이 없으면 어떠한 결과물도 만들어 낼 수 없다. 하나님이 귀한 선물을 주신다고 해도 내공이 없다면 그 선물을 잘 관리할 수 없다.

갑자기 큰돈을 벌었다고 가정해 보자. 과연 얼마나 그 큰 물질을 지혜롭게 관리할 수 있을까? 하나님의 선물이라고 생각한다 해도 그것을 감당할 그릇이 되지 못한다면 순식간에 그 돈은 사라지고 말 것이다.

일확천금으로 부를 일군 수많은 사람을 연구한 데이터 자료를 본 적이 있다. 대부분의 사람들이 불행하게 살았다는 결과가 나왔다. 물론 돈은 다 잃어버린 후라고 한다. 어떤 이는 도박으로, 어떤 이는 투기로 그 큰 금액의 돈을 다 날려 버렸다고 한다.

왜 이런 일이 발생하는 것일까? 그렇다. 그 돈을 감당할 그릇이 되지 않았기 때문이다. 본인의 관리 능력을 벗어나는 돈을 가진 탓에 그것을 어떻게 효과적으로 관리할지에 대해서 알지 못해 그냥 다 날려 버린 것이다.

우리는 늘 하나님께 기도하면서 구하는 기도를 많이 한다. 과연 우리가 구하는 대로 하나님이 다 주시면 우리는 그것을 감당할 수 있을까? '아니다'라는 답이 아주 쉽게 도출될 것이다.

그렇다면 어떻게 해야 할까? 우리는 하나님께 구하지도 말아야 한다는 말인가? 그래서 하나님은 우리에게 견딜 시간을 주신다. 고난과 연단의 형태로 우리의 삶을 풍성하게 만들어 가고 계신다.

고난의 길을 걸을 때는 너무 힘이 들고 무겁고 견디기가 힘이 든다. 그래서 '하나님이 날 사랑하시지 않는 걸까?' 그런 말도 안 되는 생각까지 할 때가 있다. 하지만 하나님은 우리에게 더 크고 좋은 선물을 주시기 위해 우리를 준비하게 하신다. 그것을 감당할 그릇을 만들기 위해 기다리시고 그 길로 인도하고 계시는 것이다.

고난이 오면 나의 힘으로 해결하려 하지 말고 하나님께 들고 가야 한다. 어린아이가 고장 난 장난감을 혼자 고치려 하면 절대 고칠 수 없다.

아버지에게 들고 와야 비로소 고칠 수 있다. 고난도 마찬가지다. 우리에게는 너무나 큰 일도 하나님께 가져가면 아무것도 아닐 수 있다.

정말 좋은 것, 정말 원하는 것, 정말 하나님이 주시는 선물을 받고 싶다면 우리의 삶을 잘 견뎌 내고 이겨 내는 시간이 필요하다. 그 과정 속에 늘 기도하며 하나님의 계획에 맞는 인생을 잘 살아가는 지혜가 필요하다.

2-3.

어떻게 이겨 내야 하는가?

간단할 것 같지만 참 어려운 것이 고난을 견뎌 내고 이겨 내는 과정이다. 우리 삶을 돌아보면 수시로 고난과 역경이 인생 중에 있었다. 그때마다 어떻게 했는지 생각해 보자. 그 어려움을 극복하기 위해 우리는 깨어 기도했다.

우리가 믿는 예수님은 어떠했나? 늘 깨어 기도하셨다. 기도의 중요성은 강조하고 또 강조해도 전혀 지나치지 않다. 기도할 때 하나님의 역사를 체험하고 알 수 있기 때문이다.

기도가 힘들 때 기도가 쉽지 않을 때 어떻게 해야 할까? 개인적인 경험에 비추어 봤을 때 금요 철야나 새벽 기도를 추천하고 싶다. 개인적으로 기도가 잘되지 않을 때는 역시 기도하기 쉬운 환경에 가서 기도하는 것이 좋다.

기도가 필요할 때는 대게 고난을 경험하는 기간일 가능성이 크다. 그래서 기도하기 최적의 환경을 갖춘 곳에서 기도하는 것이 좋다. 힘들 때는 하나님께 엎드려야 한다. 기도의 자리로 나아가 엎드려 하나님의 도우심을 간구해야 한다. 하나님은 우리의 기도를 듣고 싶어 하신다.

마음을 정말 컨트롤하기 어렵고 속상하고 부정적인 생각들이 마음 속에 자리 잡으려 할 때 금요 철야를 통해 은혜받은 경험이 많다. **정말 속상한 상태로 예배에 나아갔는데 신기하게도 예배를 드리며 말씀을 듣고 기도하고 나면 뭔가 표현할 수 없는 평화가 찾아올 때가 있다.**

이것이 바로 기도의 힘이다. 하나님은 우리가 언제나 늘 한결같이 그분을 찾기를 원하신다. 간절한 마음의 표현이 기도로 나타날 때 하나님은 우리와 함께하시며 은혜를 베풀어 주신다. 기도의 힘은 그렇게 고난을 이겨 내는 힘으로 작용하곤 한다.

알면서 잘되지 않는 것 중 하나가 바로 말씀을 보는 것이다. 기도 생활 못지않게 말씀을 보는 것이 중요하다.

성경은 예수님의 생애를 기점으로 구약과 신약으로 나누어져 있다. 이 성경을 보면서 지혜를 배워야 한다. 어려운 상황과 힘든 경험을 할 때 필요한 성경은 시편과 잠언이다.

시편은 다윗이 어려움을 극복하는 과정이 잘 서술되어 있다. 죽음의 위기를 경험할 때마다 하나님께 기도하고 간구로 나아가는 지혜를 엿볼 수 있다.

솔로몬이 쓴 것으로 추정되는 잠언은 살아가면서 필요한 지혜의 말씀들이 담겨 있다. 알고 있다고 생각하지만 놓치고 살아가는 것들이 있다. '이런 상황에서 이렇게 대처했으면 결과가 달랐을 텐데'라고 생각하는 것들에 대해 실수하지 않고 현명하게 대처할 수 있는 지침서가 되어 준다.

기도와 말씀은 늘 중요한 부분들이지만 바쁜 삶을 살아가는 현대인들이 쉽게 망각하고 살아가는 것들이기도 하다. 그러나 **'Back to the basic'이란 말이 그냥 존재하는 것은 아니란 생각이 든다.**

늘 하루하루의 삶에 하나님을 생각하고 기도하고 찾는 연습을 하는 것이 중요하다. 그것을 우리의 삶에 녹이는 것이야말로 고난과 역경을 이겨 내는 데 아주 큰 힘이 될 것이다.

2-4.

믿음은 기다림이다

우리는 신앙생활을 하면서 기다림에 대해 생각해 보는 경우가 많다. 바로 기도한 후 기다려야 할 때가 많아서이다.

기도의 응답에는 어떤 것들이 있을까? YES, OR NO AND WAIT가 있다. 이것은 우리가 기도한다고 해서 모두 다 들어주시는 것이 아니란 의미도 있으며 지금이 아닌 하나님의 때가 있다는 것을 포함하는 말이기도 하다.

기도하다 떼를 썼던 기억이 있다. 어린아이의 신앙일 때는 별 것 아닌 기도도 잘 들어주신다. 수련회 때 "하나님 은혜 부어 주세요. 이대로는 집에 못 가요"라고 벅벅 우기는 기도를 하기도 했다.

신앙이 자라던 시기라 그런지 하나님은 그 수련회에서 넘치는 은혜를 부어 주셨다. 그런 경험만 가지고 무조건 달라는 기도만 해서는 곤란하다. 기도 응답에는 한 가지만 있는 게 아니기 때문이다.

삶을 살아가다 보면 하나님의 놀라운 계획을 경험할 때가 있다. '나에게 왜 이런 일이 생길까?'란 생각들만 가득한 일들이 있다. 지나서 보면 하나님이 우리를 놀랍게 사랑하시기 때문에 그 길로 가게 하신 것이다. 우리를 위해 만들어 놓으신 예비된 길이라는 것을 알게 될 때가 있다. 이때 우리에게 필요한 자질은 기다림이다.

하나님의 계획이 무엇인지도 모른 채 그 당시의 인간적인 생각에 사로잡혀 섣부른 행동으로 결과물을 내는 경우가 있다. 그럴 때 하나님이 계획하신 방향성과 멀어져 정말 먼 길을 돌아가게 되는 경험을 한 적이 있다.

이스라엘 백성들과 모세는 하나님께 불순종하고 하나님의 분노를 사 가나안 땅에 들어가지 못하고 숨을 거둔다. 반면 순종했던 여호수아는 가나안 땅으로 들어가는 것을 볼 수 있다. 하나님의 말씀을 믿고 따르고 기다릴 때 우리의 삶은 그 아름다운 계획으로 들어갈 수 있다.

기도를 하고 바로 하나님의 응답이 없다고 YES냐, NO냐 하나님께 다그치듯이 물어볼 것이 아니다. WAIT도 있음을 인지하고 겸허히 기다릴 줄도 알아야 한다. 하나님께 기도하고 기다리면서 하루하루를 살아가는 지혜로움이 현대를 살아가는 조급증에 걸린 우리에게 필요한 덕목이다.

때론 하나님께서 보여 주신 미래를 향해 앞으로 나아갈 때에 그때를 몰라 방황하고 괴로움에 빠지는 경우가 있다. 이럴 때도 기도하면서 기다리는 지혜가 필요하다. 하나님의 때를 인간의 방식으로 가늠하려고 하는 것 자체가 실수를 만드는 것이다.

'어떻게 하면 잘 기다릴 수 있을까?', '연약한 인간의 본성 때문에 어느 것 하나 쉽지 않은데 어찌하면 좋다는 말인가?'란 생각이 들 수 있다.

살면서 누구나 연애를 경험해 보았을 것이다. 혹은 좋아하는 사람을 만날 때가 있었을 것이다. 그때의 설레는 감정을 물어볼 필요가 있을까? 굳이 묻지 않아도 정말 기쁘고 즐거운 감정일 것이다. 연인 혹은 좋아하는 사람을 만나기 위해 약속한 장소에서 기다린다고 생각해 보자. 그 기다림이 마냥 지루하고 싫기만 할까?

대학 시절 아내와 연예를 할 때의 일이다. 설레는 마음으로 대학 정문에서 아내를 기다린 적이 있다. 누군가를 기다린다는 것은 대체로 불편한 일이다. 그러나 사랑하는 사람을 기다리는 것은 불편함과는 거리가 멀다. 너무 행복한 일이다. 필자의 경우에는 그때의 아내를 기다렸던 시간이 행복했던 기억으로 남아 있다.

바로 이때의 감정과 기분을 살려서 기다림을 풀어 보면 어떨까 싶다. **하나님의 때를 알지 못해 어려워하고 힘들어할 때 연인을 기다리는 마음으로 기다려 보면 한결 마음이 편안하고 행복해질 것이다.**

2-5.

터닝 포인트

인생을 살아가다 보면 터닝 포인트를 만나게 될 때가 있다. 우리는 늘 그때가 언제인가를 궁금해하지만 막상 만나면 그때인지를 모를 때가 많다. 주로 그 일을 경험한 후나 그로부터 한참의 시간이 지난 후에 알게 되는 경우가 많은 것 같다.

'내 인생의 터닝 포인트는 언제였을까?'라는 질문으로 뒤를 돌아보면 하나님을 인격적으로 만난 중학생 때를 떠올리게 된다. 청소년 수련회 기간 동안 경험한 하나님은 광대하신 주님이었다. 인격적인 하나님은 나를 잘 알고 어루만지시는 분이라는 고백을 하게 하신 분이다.

삶은 어릴 때나 나이가 들어서나 언제나 그때에 맞는 무게감이 있다. 지나서 보면 '그게 그렇게 고민하고 어려워하고 힘들어할 경험이었나?' 라고 반문할 수 있는 것들이 많지만 그 길을 걸어가는 당시에는 참 힘들고 고달픈 길이기 때문이다.

중학교 때 그렇게 수련회를 통해 만난 하나님은 늘 인격적으로 나와 함께 계셔 주시며 나를 단련시켜 주셨다. 나의 성품과 성격에 필요한 많은 부분을 여러 가지 상황들로 만져 가신다.

하나님을 만난 터닝 포인트가 중학생 때였다면 지금은 또 다른 터닝 포인트를 만나 하나님의 인도하심을 경험하고 있다.

회사를 운영하면서 늘 직원들에게 입버릇처럼 하던 말이 생각난다. "지금은 노력만 하면 되는 시대가 아니고 노력해서 최고의 결과물을 만들어 내야 하는 때이다"라고 말하곤 했다.

현대 사회는 경쟁과 결과물 그리고 실적이 모든 걸 보여 주는 것만 같은 시대다. 잠시 모든 걸 내려놓고 기다림과 새로운 시작을 위한 준비 기간을 가질 필요가 있다.

모든 것을 결과로만 판단할 것이 아니라 어떤 때에는 과정이 중요하다는 점을 기억해야 한다. 잠시 멈춰서 앞과 뒤 그리고 현재를 살펴보면서 새롭게 맞이할 미래를 준비하고 기대하는 자세가 필요하다는 것을 배운다.

마라토너처럼 열심히 달리기만 하는 인생도 중요하지만, 마라톤 속에서 물을 마시며 체력을 충전하고 보충해야 하는 시기도 분명 필요하다.

누구에게나 어려움과 고난의 시간이 오고 그 상황들이 인생의 변곡점 즉 터닝 포인트를 요구할 때는 맞바람을 맞서듯이 밀어붙이는 것이 아니라 잠시 바람을 피하는 지혜가 필요하다. 그 터닝 포인트를 받아들이고 생각의 시간을 가지는 자세가 필요하다.

요즘은 하루의 시간 속에서 하나님께 이런저런 기도를 드릴 때가 많다. 이 시간을 갖게 하기 위해 하나님께서 잠시 쉼을 허락하신 것이란 생각도 든다. 이때의 기도와 간구가 앞으로의 바쁜 삶으로의 변화에도 불구하고 계속해서 이어지기를 바라시는 것 같다.

우리는 바쁠 때는 바쁘다는 핑계로 피곤할 때는 피곤하다는 핑계로 돈이 있을 때는 돈이 있기 때문에 하나님을 찾지 않는다. 그래서 하나님은 우리의 연약함을 아시고 하나님을 찾을 수 있도록 해 주시는 것이다.

'이렇게 힘든 상황을 왜 저에게 주시나요? 꼭 이래야만 하셨나요?'라는 속마음이 표출되어 말로 나타나는 순간이 인생을 살아갈 때 참 많이 등장한다.

피조물인 우리는 하나님의 계획하심을 알 수 없다. 그래서 늘 실수를 연발하며 살아간다. 그러나 **그럼에도 불구하고 하나님, 엘로힘의 하나님(창조의 하나님)은 그것들이 감사로 바뀔 수 있도록 우리의 삶의 방향을 보여 주시고 인도하여 주신다.**

지난날 원망스럽게 내뱉었던 그 많은 말들을 감사로 변화시키신다. 짧게는 하루, 일주일 길게는 일 년 뒤가 되면 내게 꼭 필요했던 한 줄기 빛 같은 출발점이었음을 배울 때가 있다.

누구의 인생이나 들여다보면 쉽지 않다. 그 삶 속에서 터닝 포인트를 만났을 때 어떻게 반응하고 대처하느냐에 따라 남은 인생의 성패가 달라진다.

하나님께 지혜를 구하자. 내게 주어진 터닝 포인트에서 하나님을 바라보고 앞으로 나아갈 때 하나님의 은혜를 경험할 수 있게 된다.

광야 학교가 꼭 필요한 이유

삶을 살다 보면 누구에게나 광야 학교가 찾아온다. 광야는 춥고 더운 곳이다. 한기가 들 정도로 추운 날씨도 있었다가 더워서 피부병이 날 정도로 뜨거운 온도를 함께 경험해야 하는 곳이다. 광야는 외로운 곳이다. 광야는 고통을 경험하는 곳이다.

은혜 아니면 살아갈 수 없는 곳이 광야다. 하나님은 이스라엘 백성들을 이끄시며 매일 만나와 메추라기로 먹이시고 40년의 세월을 돌고 또 돌게 하셨다. 그 이유가 무엇이었을까?

온전히 하나님을 의지하게 하기 위한 작업이었다. 하나님을 의지하고 신뢰하며 '하나님 없이는 아무것도 할 수 없습니다'라는 고백하게 만드는 시간이었다. 힘을 빼는 작업을 하신 것이다.

필자에게 광야는 관계의 어려움이었다. 회사를 운영하면서 직원들에게 애정과 사랑을 쏟아부었다. 그러나 수년간 동고동락한 직원들이 한 마디 말도 없이 한 주에 한 사람씩 그만두기 시작했다. 각자의 사유는 다 달랐지만 갑작스러운 퇴사 통보에 마음이 상당히 힘들었다.

후에 알게 된 것은 모두가 함께 그만두기로 계획하고 회사를 나간 것이란 사실이었다. 내가 쏟아부은 정성스러운 시간이 배신이라는 이름의 상처로 돌아왔다.

그때는 너무 아팠다. 몇 년을 지나 그때 나갔던 직원이 "대표님, 그때는 제가 너무 어려서 대표님이 관심이 얼마나 감사한 것인지 몰랐어요. 지나 보니 정말 좋았던 시간이라는 걸 알게 되었어요. 늘 건강하세요. 그때 너무 죄송하고 감사했다고 말씀 드리고 싶었어요."라는 말을 해 주는 전화를 받게 되었다.

직원들의 배신이라는 광야를 지날 때는 '이 길을 꼭 걸어가야 하나?'라는 의문을 품었다. 너무 힘들고 괴로웠다. 앞으로 나아갈 힘이 생기지 않았다. 그럼에도 불구하고 하나님은 다시 일어서 걸어갈 힘을 주셨고 결국 회복하게 하셨다.

삶을 살아가다 보면 힘을 빼게 하는 수많은 일들을 만나게 한다. 처음엔 그저 나의 힘으로 한번 극복해 보려 하다 또 다른 좌절을 만나고 더 깊은 침체를 경험하기도 한다. 이때 광야의 시간을 경험하게 된다.

광야의 시간 속에서 광야 학교에 입학하게 되면 하나같이 하는 실수가 내 힘으로 해 보려고 시도하는 것이다. 결과는 처참하다. 아무것도 변하지 않는다. 상황을 반전시킬 수가 없다. 당연하다. 광야를 내 힘으로 걸어가려 하니 만나와 메추라기를 만나지 못하기 때문에 한 발짝도 걸을 수 없기 때문이다.

광야 학교를 무사히 졸업하는 방법은 하나다. '하나님, 온전히 저를 주장하여 주시고 주님 뜻대로 이끌어 주시옵소서'라는 고백을 하는 것이다. 세상 모든 광야의 일들은 내 힘으로 해결할 수 있는 게 하나도 없다. 그저 하나님의 긍휼하신 인도를 간구해야 한다.

만나와 메추라기를 구하는 광야 학교의 우수생이 되어 보자. 어차피 내 힘으로 졸업할 수 없는 광야 학교라면 조금 더 빨리 그 상황을 인정하고 받아들이자. 그리고 간절히 하나님께 기도하면 하나님께서 길을 열어 주신다.

하나님이 열어 주신 길을 걸어갈 때 비로소 광야 학교를 졸업할 수 있다. 광야 학교는 꼭 필요하다. 하나님께 크게 쓰임을 받으려면 하나님이 사용하시기에 알맞은 모양과 그릇이 되어야 한다.

만약 당신에게 1조가 주어진다면 그것을 잘 감당할 수 있겠는가? 1초의 망설임도 없이 "네, 잘 감당할 수 있습니다"라고 답할 수 있는 사람은 많지 않을 것이다. 광야 학교를 지난 사람은 망설임 없이 대답할 수 있다. 주님 뜻대로 사용하겠습니다. "어떻게 사용해야 하는지 알려 주시옵소서"라고 기도하게 된다.

광야 학교는 사람을 성숙시키고 그릇을 키우는 경험을 하게 한다. 혹시 당신이 광야의 시간을 경험하고 있는가? 그렇다면 감사드리자. 하나님의 만나와 메추라기를 간구하며 다가올 찬란한 광야 학교의 졸업식을 기대하며 살아가자. 오늘은 사는 것이 너무너무 고통스러울 것이다. 그럼에도 불구하고 내일의 찬란한 영광을 주실 반드시 부어 주실 축복을 기대하며 앞으로 나아가야 한다.

하나님은 실수하지 않으신다. 광야 학교가 꼭 필요하다. 나의 자아와 내 생각을 내려놓지 않으면 하나님의 뜻에 합하게 살아갈 수 없다. 광야는 그 중요한 내려놓음을 배우게 한다. 그 속에서 부요하게 하시고 새롭게 하시는 하나님을 경험할 수 있다.

2-7.

시선을 하나님께 두는 것을 배우는 시간

직원들의 배신 이후 하나님께 시선을 고정할 수밖에 없었다. 하나님께 힘들어서 기도하고 힘을 달라고 기도했다. 그렇게 기도하는 시간을 늘리다 보니 어느새 하나님이 어려움을 경험하게 하신 이유를 조금씩 알게 되었다.

역경의 시간을 통해 배우는 것은 시선을 하나님께 두는 방법을 아는 것이다. 그 일을 경험하면서 회사든 직원 문제든 모든 일을 하나님께 온전히 맡길 수 있는 계기가 되었다. 시선을 하나님께 고정하는 것에 늘 온 신경을 집중해야 한다.

잘 알고 있는 내용이지만 하나님께 시선을 고정하는 일은 쉽지 않다. 왜냐하면 우리의 시선은 늘 다른 곳을 보느라 분주하기 때문이다. 사회생활은 늘 업무로 바쁘다. 집에서는 아빠의 역할, 엄마의 역할로 바쁘다. 교회에서는 각자의 직분으로 맡은 일들로 바쁘다. 바쁜 시간이 나쁘다는 것이 아니다.

그 속에서 시선이 어디에 있는가가 중요하다. 사회생활에서 업무에 모든 포커싱이 스스로에게 맞춰져 있는 것은 아닌지 체크해 보아야 한다. 가정에서, 교회에서도 핵심으로 바라보는 시선이 나에게 향해 있는 것은 아닌지 확인해야 한다.

어느 자리에 있든지 시선은 늘 하나님께 향해야 한다. 그래야 그 속에서 평안함이 있다. '어떻게 하나님의 시선으로 업무를 대할 수 있는가?'란 질문을 한다면 답은 심플하다. 하나님의 뜻이 무엇인지 찾아 업무에 적용하면 된다. 내 마음대로 하고 싶을 때 하나님께 기도하자. 하나님 이 업무를 어떻게 풀어 가야 할지 모르겠습니다. 제게 지혜를 주세요. 그렇게 기도하며 업무를 하면 시선이 하나님께 향해 있는 것이다.

이는 가정과 교회에서도 마찬가지다. 내가 먼저 일 처리를 해 놓고 다 잘했다는 듯이 있다가 사고가 난 경험을 모두 해 보았을 것이다. 하지만 시선이 하나님께 향해 있다면 실수하기 어렵다. 하나님이 도와주시면 모든 일은 합력하여 선을 이루게 되기 때문이다.

역경은 스스로를 바라보게 하는 시선을 하나님께로 돌리게 한다. 하나님을 바라보는 시선으로 움직이는 일들은 모든 것이 순리대로 진행된다. 그렇게 하고 있는데도 잘되지 않는다는 분들이 있을 것이다. 그럼 두 가지에 대해 기도해야 한다. 첫째, 하나님의 뜻에 합하게 하고 있는 것이 맞는지 기도해야 한다. 둘째, 하나님의 시간이 되지 않아서 더 기다려야 하는지를 묻는 기도를 해야 한다.

결국 하나님은 우리와 동행하기를 원하신다. 이 땅에서의 삶은 영원한 만족이 없다. 아무리 많은 돈을 가진 사람도 공허함은 채울 수 없다고 고백한다. 하나님으로 채워진 사람은 물질로는 비교할 수 없는 부요와 평안함이 있다. 경험해 보지 않은 사람은 이 부요함의 비밀을 알 수 없다.

하나님은 우리가 부요하고 평안한 삶을 살기 원하신다. 우리에게 아들을 내어 주실 만큼 사랑하시기 때문이다. 하나님은 우리의 잘못된 시선을 바로잡고 평안함을 얻을 수 있도록 역경의 상황을 지켜봐 주신다. 마귀가 우리를 흔들 때 하나님이 사라지신 것이 아니다. 우리가 잘 견뎌 내고 이겨 내 멋지게 빚어지길 바라며 지켜보고 계신다.

성년이 되기 전까지 부모님의 사랑과 관심을 받아 자녀들이 건강하게 성장하는 것과 같은 이치다. 수많은 실패와 역경을 거쳐 하나님께 시선을 보내는 신앙으로 성장하게 된다. 그 속에서 아주 큰 성장통을 겪게 된다. 때로는 건강의 어려움일 수도 있고, 물질의 어려움일 수도 있고, 관계의 어려움일 수도 있다.

우리의 삶은 간단히 수치로 정량화할 수 없는 오묘함이 있다. 그 속에 하나님의 계획하신 일들이 실현되어 가고 있기 때문이다. 아직도 시선을 하나님께 보내지 못하고 관심사가 스스로에게 한정되어 있다면 역경의 시간을 견뎌야 할 시기임을 받아들이자. 하나님은 우리를 건강한 자녀로 성장하게 하시길 원하신다.

12명의 정탐꾼 중 갈렙과 여호수아만이 하나님의 비전을 보고 믿고 따라갔듯이 믿음으로 성장해 가는 주님의 자녀로 우리를 세워 가시길 원하신다. 그렇기에 역경을 너무 두려워하거나 멀리하지 말자. 묵묵히 그리고 담담히 받아들이며 하나님의 뜻을 찾고 그 뜻에 순종하며 살아가는 지혜로운 사람이 되자.

나는 어떤 정탐꾼인지 한 번 생각해 볼 필요가 있다. 2명의 신실한 정탐꾼으로 살아가고 있는지, 10명의 부정한 정탐꾼으로 살아가고 있는 것은 아닌지 늘 점검해 봐야 한다.

내가 해결하려 하면 필패한다

군 복무로 의경을 나왔다. 기동 타격대에 여전히 구타가 존재할 때다. 어느 부대든 고문관은 존재한다. 업무를 잘하지 못해 고문관으로 분류되는 이들도 있다. 내 한 달 후임이 그런 류의 사람이었다.

업무를 하면 늘 사고를 쳐서 고참들에게 괴롭힘을 당했다. 내성적인 성격 탓에 잦은 구타도 당했다. 그걸 지켜보다가 그 친구가 더는 못 버티겠다며 죽고 싶다는 말을 해서 함께 상의한 끝에 중대장님께 그 사건을 알렸다.

그로 인해 그 친구는 전출을 갔고 나는 내부 고발자로 찍혀 고참들에게 상당한 괴롭힘을 당했다. 또한 기수 열외를 당해서 부당한 대우를 받을 수밖에 없었다. 그때 느낀 괴로움은 말로 표현할 수 없을 정도로 컸다.

부대원 전체의 따가운 눈초리 덕분에 약간의 대인기피증이 생길 정도였다. 힘든 시간을 견디고 있는데, 부대장님이 그런 상황을 알게 되었다. 감사하게도 파출소로 파견을 가게 되었고 무사히 군 생활을 마무리할 수 있었다.

고난의 때가 왔을 때 우리는 늘 스스로 해결을 해 보려 한다. 내 힘으로 해결하려 할 때는 방법이 생각나지 않는다. 그럴 때는 인내하며 기다려야 한다. 기다림의 시간을 보내다 보면 하나님의 인도하심이 있음을 알게 된다. 그 인도하심을 위해 기도하는 시간을 가져야 한다.

아사가 왕이 된 지 삼십구 년에 그의 발이 병들어 매우 위독했으나 병이 있을 때에 그가 여호와께 구하지 아니하고 의원들에게 구하였더라. 아사가 왕위에 있은 지 사십일 년 후에 죽어 그의 조상들과 함께 누우매[3]

역대하에 나오는 아사왕은 자신의 힘으로 해결하려는 모습을 그대로 보여 준다. 자신의 힘으로 하면 되는 게 없는데 그걸 모르고 마음대로 행동한다.

---

3) 역대하 16장 12~13절

아사왕의 모습이 우리 모습 같지 않은가? 몸의 질병을 하나님께 들고 가야 하는 구약 시대였다. 그런 시대에 의사에게 간 것은 아사왕의 교만함을 엿볼 수 있는 부분이다. 자신의 힘으로 해결할 수 있다는 태도를 보인 것이다. 그 생각이 아사왕을 죽게 만들었다.

내 문제도 마찬가지다. 아사왕 같은 태도로 접근하면 분명 해결 방법이 나오지 않는다. 오히려 더 상황이 악화될 뿐이다. 모든 것을 하나님께 아뢰어야 한다. 그 방법만이 유일한 해결책이다.

하나님은 우리가 생각하는 지식 그 이상의 것을 가지신 분이시다. 우리 힘으로는 도저히 한 걸음도 나아갈 수 없을 것 같은 문제를 너무도 쉽게 해결하시는 분이다. 솔로몬의 유명한 판결인 두 여인의 판결도 하나님의 영이 임하셨기에 가능했던 일이다.

두 여인이 한 아이를 두고 서로 자신의 자녀라고 하는데 솔로몬이 어떻게 부모를 알아낼 수 있었겠는가? 그 순간 번뜩이는 지혜로 "아이를 둘로 나누어라"라고 말하는 생각이 어디서 왔겠는가? 모두 하나님이 주신 지혜다.

하나님은 우리가 상상할 수 없는 방법으로 일하신다. 고난과 역경으로 지쳐 있다면 반드시 기억해야 한다. 능치 못함이 없는 분이 하나님이란 사실을 말이다.

　아울러 우리 모습 속에 아사왕 같은 어리석음은 없는지 들여다봐야 한다. 매사에 아사왕같이 살고 있다면 반성하고 하나님께 간구하는 삶으로 변화해 가자.

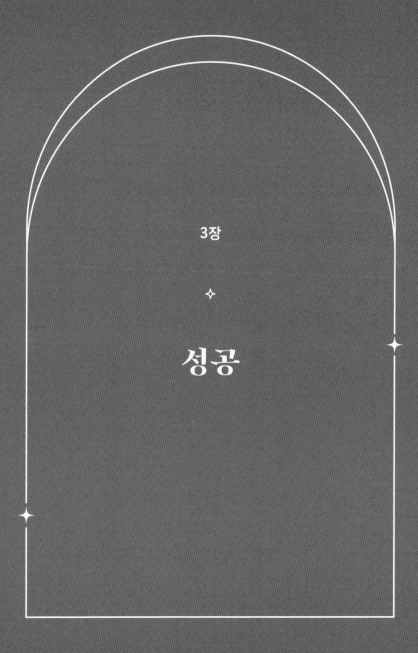

3장

✧

성공

3-1.

하나님의 계획하심은 놀랍다

우리는 하루하루를 살아가면서 **하나님의 놀라운 계획하심에 놀랄 때가 있다.** "정말 이건 하나님이 하신 일이야!"라고 고백할 때가 얼마나 많은지 모른다. 삶의 궤적을 태어날 때부터 꿰뚫고 거기에 맞게 살아가는 사람이 있을까? 피조물 된 우리에겐 불가능한 일이다.

아무것도 알 수 없는 하루하루를 살아가고 있지만 하나님은 우리를 간섭하고 지켜보시며 계획하고 계신다. 이스라엘 백성이 전쟁할 때 모세가 손을 들어 기도하면 전쟁에서 이기고 손을 내리면 전쟁에서 지는 것을 보면서 하나님의 역사하심이 얼마나 중요한지를 알 수 있다.

가끔은 헉헉 하면서 달려온 시간을 돌아보면 **'아! 이런 것들이 다 하나님의 계획 안에 있었던 것들이구나'**라는 생각을 하면서 그 놀라운 결과물들을 들여다보게 된다. 필자를 회사에 입사하는 것부터 창업해 개업하게 하신 것 그리고 얼마 후 부산으로 옮겨 오게 하신 것도 모두 다 하나님이 이끌어 주신 것임을 깨닫는다.

때로는 너무 힘들고 지칠 때 "왜 저를 이렇게 힘들게 하시나요?"라고 기도할 때도 있었다. 하지만 과정이 있어야 결과가 있는 것임을 알아야 한다. 그간 경험했던 많은 일들이 다 연단의 필요로 인해 필요했던 것이다.

직원들을 통해 받은 연단은 그것들을 경험할 때는 참 받아들이고 이해하기 힘들었던 경험이었다. 한 사람을 이끌고 가르치며 기다려 주는 것은 결코 쉬운 일이 아니었다.

그 과정을 통해서 하나님이 날 기다리시는 것 또한 그렇게 어렵고 쉽지 않은 것이었다는 것을 깨달았다.

하나님의 계획하심 속에 필자는 조금씩 변화되어 가고 있다. 물론 아직 갈 길이 많이 남아 있지만 힘들고 어렵고 고통스러운 과정들 속에서 소중한 경험들을 쌓아 가고 있다. 부모가 아이의 성장을 바라보며 한없이 흐뭇한 미소를 짓듯 하나님도 우리의 이 인내의 과정들을 보며 미소 지으실 것 같다.

딸아이의 영어 말하기 대회 준비를 함께하면서 하나님의 마음을 조금이나마 느껴 본다. 처음에 힘들어하던 모습을 보였지만 매일 조금씩 연습을 하면서 성장하는 모습에 박수 치고 기뻐해 주며 그 과정을 함께했다. 완성된 결과물을 함께 보며 부둥켜안으며 기뻐해 보니 성장하는 자녀를 보는 게 이런 느낌이겠구나 싶다.

우리는 늘 무지해서 당장 눈앞에 힘든 일이 생기고 앞이 잘 보이지 않는 상황을 만나게 될 때 불평, 불만부터 하곤 한다. 그럴 때는 이렇게 생각해야 한다. 멋진 결과물을 만나게 하기 위해 우릴 사랑하시는 부모님의 계획이 조금씩 실현되고 있는 것임을 알아야 한다.

3-2.

승승장구

'**오르막길이 있으면 내리막길이 있다**'는 말을 종종 듣곤 한다. 어려움이 지나고 나면 행복한 시간들이 우릴 기다린다. 돌이켜보면 승승장구는 하나님이 함께하실 때 가능한 것이었다.

기도로 중무장한 부산행은 엄청난 축복의 시간이었다. 부산으로 옮겨오자마자 연속 신기록 매출을 달성하며 괄목할 만한 성과를 내게 되었다. 연속 3개월을 계속해서 피크치를 넘는 매출을 달성하며 감사한 시간들을 보냈다.

이때를 돌아보면 참 감사한 것들뿐이지만 한편으로는 똑같은 교훈을 얻게 된다. 인간이 얼마나 무지한가를 말이다. 부산으로 넘어오기 전 매일매일 간절한 마음으로 아침, 점심, 저녁으로 기도하던 그 간절함은 조금씩 식고 일에 빠져 매출에만 몰두했던 기억이 난다.

하나님 중심에서 회사 중심으로 바뀌다 보니 직원들, 고객들 그리고 다른 일적인 고민들이 수도 없이 생겨났다. **위기가 기회이듯이 가장 평온하고 잘될 때가 정말 큰 위기라는 것을 지나고 나서야 깊게 느끼게 된다.**

매출이 안정적으로 나오고 회사가 자리를 잡는다고 생각한 순간부터 매출은 조금씩 줄어들기 시작했다. 이때 더 간절하게 하나님을 처음처럼 찾았어야 한다는 교훈을 시간이 지난 다음에야 알게 되는 것은 안타까운 현실이다.

하지만 실수를 경험하게 하신 하나님을 찬양할 수밖에 없다. 부족했던 지난 시간을 돌아보며 감사와 찬양을 배우게 된다.

또한 무지한 점을 깨달을 수 있게 하시고 이 모든 것이 하나님의 은혜라고 표현할 수 있게 하신 하나님을 찬양하게 된다.

비 온 뒤에 땅이 굳는다는 말이 있다. 어린 시절엔 이 말의 뜻을 잘 헤아릴 수 없었다. 어른이 되고 사회생활을 하면서 비와 바람을 맞아 보니 왜 이런 말이 있는지 알 수 있을 것 같다.

삶의 희로애락을 느끼며 기쁨과 슬픔을 느끼며 성공과 실패를 경험하면서 무게를 감당하는 법을 배우게 된다. 소설에도 기승전결이 있듯이 지금의 필자는 승과 전의 중간쯤에 있는 것이 아닌가란 생각이 든다. 앞으로 어떤 삶이 어떻게 주어질지 모르지만 승승장구의 인생을 기대하려면 어떻게 해야 하는지는 확실하게 배웠다.

하나님께 늘 깨어 기도해야 한다. 매일 생각날 때마다 기도하려 노력하고 있다. 기도를 습관화해야 한다. 하나님은 깨어 기도하는 사람을 기뻐하신다. 앞으로의 삶 속에 기도가 늘 함께한다면 우리 삶은 승승장구하는 인생이 될 것이다.

잘될 때 하나님을 찾으라

일반적인 생각으로는 일이 잘 풀리고 삶에 특별한 어려움 없이 평온할 때 신앙생활을 잘하고 하나님 앞에서 신앙적으로 건강한 생활을 할 것 같지만 실상은 그런 것들과는 거리가 멀다.

통계 자료를 보면 일정 금액 이상의 GDP가 달성되고 나면 하나님을 믿는 크리스천의 수가 증가하지 않는 것으로 나왔다. 그 이유가 무엇일까? 그렇다. 인간은 먹을 만하고 살 만하면 하나님을 찾지 않는다는 것이다.

당신은 어떠한가? 정말 고난과 어려움이 없는 상황 속에서도 하나님을 간절하게 찾고 기도하고 있는가? 한번 깊게 들여다보고 생각해 볼 필요가 있다. 아마도 10명 중 9명은 '간절하게'보다는 '적당히 편안하게 찾고 있을 것이다'라는 답변을 내놓을 것이다.

왜 우리는 잘될 때 하나님을 찾아야 할까? 피조물이기 때문이다. 하나님이 우리에게 주신 모든 것들은 우리가 주인이 아니라 빌려 쓰는 것임을 명심해야 한다. 하나님이 재물을 부어 주실 때 가장 경계해야 하는 것도 이 부분이 아닐까 싶다. 마치 내 것인 양 그 물질을 잘못된 곳에 사용해서 문제를 만들 때가 있지 않은가?

모든 일이 잘될 때 하나님을 동일하게 찾는 믿음은 정말 큰 것이라는 생각이 든다. 삶을 살펴볼 때 하나님을 간절히 찾았던 때는 시련의 때였다. 아프고 병들었을 때 자녀가 위험에 빠졌을 때 시험을 앞두고 있을 때 사업을 운영하는 중 어려움을 만났을 때 등이 아니었는가?

우리의 필요에 의해 하나님을 찾는 어린아이 같은 신앙에 머물러서는 안 된다. 언제 어디서든지 정해진 시간에 하나님께 기도하고 매사에 하나님께 여쭤 보는 태도가 필요하다.

그것이 바로 잘될 때에도 기도하는 것이다. 만약 잘될 때 하나님을 찾지 않고 어리석은 행동들을 한다면 그 결과가 어떠할지는 생각만 해도 참담하다.

사회생활을 하다 보면 모든 일이 술술 잘 풀릴 때가 있다. 그때가 되면 어김없이 방해의 세력이 나타난다. 우리를 음해하기 위해 나타나는 대적들은 별 문제가 되지 않는 사안을 대단히 큰 문제로 만들며 우리를 괴롭힌다.

그럴 때 나에게 잘못이 없음을 어필하는 시간을 경험하게 된다. 어려움은 쉽게 해결되지 않는다. 해결되기까지의 과정이 필요하다.

그 일을 해결해 가는 시간 동안 우리는 무엇을 해야 할까? 역시 답은 기도다. 기도를 하면 그들이 찾아낸 것들이 단지 나를 음해하기 위한 계략이었음을 알게 된다. 그렇게 나의 결백함을 밝힐 수 있게 된다.

한바탕 폭풍이 휘몰아치고 나면 평화가 찾아온다. 바로 그때 인생이 평온할 때가 위기임을 알아야 한다. 얼마나 하나님 안에 거하며 기도 생활을 잘하는지가 아주 중요하다. 바람이 잠잠할수록 더 하나님을 찾고 기도하는 자세로 삶을 살아가야 한다.

사회생활을 처음 시작했던 10년 전의 필자에게 '몰랐던 엄청난 금액의 재산이 상속된다면 그 무게를 감당할 수 있었을까?'라는 질문을 던져 보니 생각보다 쉽게 YES가 되지 않는 것을 발견하게 된다.

그러나 지금의 필자에게 '1,000억이 주어신다면 그 무게를 감당할 수 있나요?'라고 묻는다면 '하나님의 뜻을 구하고 그에 합당한 곳에 선하게 흘려보내겠다'고 답할 것 같다.

　물질은 우리가 이 땅에 살아가며 하나님께서 하나님의 뜻대로 사용하길 원하시는 도구임을 기억해야 한다.

　나를 과시하는 수단이 아니다. 가난하고, 병든 자, 마음이 아픈 자, 고아와 과부를 위하고 돕는 수단으로 사용해야 한다. 약한 자들을 위해 물질을 흘려보내는 삶을 하나님은 기뻐하신다.

　물질을 사용할 때는 늘 하나님의 뜻을 간구해야 한다. 하나님의 뜻에 맞는지 묻고 하나님의 뜻에 따라 흘려보내야 한다.

　하나님은 오른손이 하는 일을 왼손이 모르게 하라고 했다. 물질을 잠시 빌린 우리가 주인 행세를 해서는 안 된다. 오직 하나님의 영광이 드러나면 된다. 그것이면 충분하다는 것을 명심해야 한다.

　물질을 흘려보내는 기준을 세우면 순종하면 된다. 그 순종은 내가 처한 상황과는 관계가 없다. 타이밍은 하나님이 결정하는 것이다. 'ㅇㅇ을 하라'는 마음을 주시면 순종하면 된다. 물질을 흘려보내는 경험을 통해 많은 것을 배우게 된다. 그렇게 또 하나님이 원하시는 모습으로 한 단계 성장하게 되는 경험을 할 수 있다.

3-4.

망각하는 연약한 피조물

우리는 어떤 일이나 사건을 잘 잊어버리곤 한다. 중요한 것이라고 메모를 하지 않으면 수일이 지난 후에는 무슨 일이었는지 기억조차 잘하지 못할 때가 많다. "하나님, 하나님, 나를 지켜 주시는 하나님" 이렇게 기도하다가 조금 생활이 평안해지고 살 만해지면 언제 그랬냐는 듯 기도하지 않는 모습을 발견하곤 한다.

이스라엘 백성이 하나님을 잊고 금송아지를 만들어 우상 숭배를 하였을 때 무슨 일이 일어났는가? 늘 경계하고 늘 깨어 있어야 함을 알 수 있는 대목이다.

고난을 당할 때는 늘 간절하게 하나님을 찾는다. "주여, 주여, 사랑의 주여, 나를 돌보소서, 나를 불쌍히 여기시고, 이 환란에서 구원하소서"라고 모든 걸 내려놓는 심정으로 기도한다. 그런데 그 상황에서 조금만 비껴 서면 그 자리를 조금만 넘어선 것 같으면 돌변하는 우리를 마주 대하곤 한다.

아침, 점심, 저녁으로 성실하게 찾던 하나님은 어디 보내 드렸나 싶을 정도로 자연스럽게 하루 종일 하나님을 찾지 않는다. 바쁘다는 핑계, 할 게 많다는 핑계, 피곤하다는 핑계, 아이를 돌보아야 한다는 핑계 등등 각종 핑계로 하나님을 멀리하는 우리를 발견한다.

그럴 때 하나님을 기억하라고 말씀하시는 것처럼 다시 삶에 고난이 찾아온다. 그 고난을 경험하고 이겨 내면서 또 한 번 하나님의 임재와 그 거룩하심, 그 깊은 사랑을 체험한다. 그렇게 우리는 성장하고 하나님의 마음을 알아 가고 배워 가며 하나님과 함께 거하는 삶에 대해 배우게 된다.

그 배움 속의 삶에는 깊이가 있고, 무게가 있고, 기쁨이 있다. 그 과정을 거쳐 오면서 알게 된 수많은 감사의 제목들 때문이다. '고난을 받는데 어떻게 감사할 수 있나?'란 생각을 한 적이 많다. 그간의 짧은 삶 속에서 배운 것은 고난을 통해서도 얼마든지 감사할 수 있다는 놀라운 사실이다.

내가 가진 것, 입은 것, 살 수 있는 집이 있는 것, 가족이 있고, 사랑하는 이들이 있고, 힘써 일할 수 있는 직장이 있다는 것 등 수많은 감사의 제목들이 우리 삶에 있다. 단지 그것들을 잊어버리고 사는 무지함을 자각하지 못했을 뿐이다.

하나님은 우리에게 고난을 통해 이 감사의 제목들을 감사의 내용들을 기억하게 하신다. 그로 인해 우리의 삶은 행복과 기쁨이 가득하고 넘칠 수 있다.

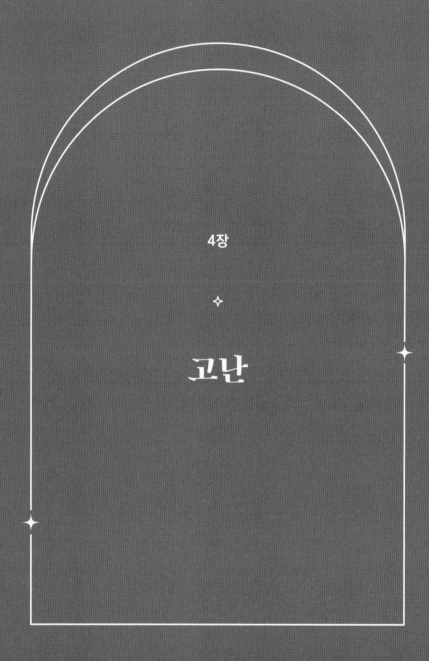

4장

◇

고난

4-1.

고난은 축복이더라

정상적인 사고를 가진 사람이라면 과연 이 말에 동의할 수 있을까? 크리스천만 이 말에 동의할 수 있는데 이 또한 여의치 않다. 고난을 좋아하는 사람은 없기 때문이다. 하지만 하나님의 놀라운 일하심을 경험한 사람이라면 고난이 얼마나 큰 축복인지 알 수 있다. 고난을 경험해야만 알 수 있는 놀라운 하나님의 비밀이 있기 때문이다.

가장 기억에 남는 고난 중 하나는 믿었던 사람이 전혀 다른 사람인 걸 알게 되었을 때다. 그 사람의 친절하고 유머러스한 성격 덕분에 빠르게 친해질 수 있었다. 그런데 그 사람을 오래 알아 갈수록 내가 처음 생각했던 종류의 사람이 아님을 알게 되었다.

선한 사람이라 생각했는데 말한 모든 것이 거짓이었고 나를 이용하기 위해 철저히 계산된 행동이었음을 알게 되었다. 선한 사람이 아니라 악한 사람이었고 그 사실을 알게 된 순간은 너무 충격이었다. 심지어 믿어지지 않기도 했다.

좋은 사람이라 생각했던 사람이 악인이라는 것을 알 때의 고통은 경험해 보지 않은 사람은 모른다. 관계에서 오는 고난은 고통 그 자체를 넘어 벼락을 맞은 것 같은 깊은 상처를 남긴다.

관계의 고난을 경험하는 순간에는 '왜? 나에게 왜 이런 고난을 경험하게 하시나요?'라는 고통의 신음을 할 수밖에 없다. 그 상황에 매몰되어 있을 때는 아무것도 보이지 않기 때문이다.

지나서 보니 하나님이 나에게 가르침을 주기 위한 시간이었다. 사람과의 관계에 집중하는 것이 아니라, 하나님과 나의 일대일 관계에 포커스를 맞추기 원하심을 알게 되었다.

그 시간을 지날 때는 너무 큰 고난이었지만 관계의 고난을 통해 하나님을 더 깊이 알아 가고 바라보게 된 것이 큰 축복임을 알게 되었다.

성경에는 달란트 비유가 나온다. 주인이 일하는 종들에게 1달란트, 2달란트, 5달란트를 주었다. 그리고 나중에 돌아온 주인에게 달란트를 받았던 1달란트를 그대로 내어 놓는 종, 2달란트 더 내어 놓는 종, 5달란트 더 내어 놓는 종이 나온다. 주인은 2달란트, 5달란트 받은 종에게는 후한 평가를 주지만 1달란트 받은 자는 게으른 종이라고 하며 책망한다.

이 사례를 보면 증폭되는 인생이 있고 소멸되는 인생이 있다는 것을 알 수 있다. 어떻게 하면 그렇게 되는가? 우리는 성장하는 인생이 되어야 하지 않을까? 주인이 달란트를 맡겼다는 것은 세 사람에게 동일한 기회를 주었다는 것이다. 그러나 그 기회를 어떻게 사용했는지는 사람에 따라 다르고 결과도 다르게 나타난다는 것을 알 수 있다.

2달란트와 5달란트를 남기는 인생이 되어야 하지 않을까? 그러려면 우리는 고난을 감당해야 하고 더 나아가 고난을 기대하며 살아가는 인생이 되어야 한다. 그래야만 인생의 경주 속에서 2달란트, 5달란트를 남기는 인생으로 변모할 수 있기 때문이다. 가만히 있으면 1달란트를 지키는 것조차 어려운 인생이 되기 때문이다.

'약할 때 강함 되시네'란 말이 있다. 바울도 약함을 없애 달라고 기도했지만 하나님께서는 약함을 통해서 하나님이 드러난다는 걸 알려 주신다. 그렇다. 고난을 통해 우리는 약해진다. 그것을 통해 하나님이 아름답게 드러나시는 것이다.

'고난은 고생이지 뭐' 이런 생각은 정말 실수다. 고난은 세상 말로 할 때 '대박'이다. 대박을 찾는 세상에서 정말 대박이다. 약함 때문에 훨씬 더 멋지게 살아갈 수 있게 된다. 약함이 바로 재료이기 때문이다. 불행이 바로 자재이기 때문이다. 고난이 기가 막힌 자원이기 때문이다.

고난이 얼마나 소중한 것인지 모른다. 하나님 안에 들어오면 고난이 매우 큰 축복이라는 귀중한 비밀을 알게 된다. 고난을 통하여 하나님을 만나고 고난을 통하여 겸손해진다.

고난을 통하여 내 모든 부족한 부분들을 채우고, 고난을 통하여 기도를 배우고, 고난을 통하여 내가 사람다워진다. 고난을 통하여 인생이 깊어지고, 고난을 통하여 간증이 터져 나오고, 고난을 통하여 하나님이 하나님이심을 정말 마음속 깊이 뼈저리게 경험하게 된다.

고난을 경험하지 않고 과연 이런 고백을 할 수 있을까? 하나님은 고난을 통하여 우리 인생을 끌어가시기 때문이다. 왜 다 주시지 않느냐고 하지 말란 말이다. 주인이 결정하는 영역을 쳐다볼 것이 아니라 주인의 손길이 원하는 바가 무엇인지를 살피는 것이 중요하다는 것이다.

고난은 이렇게 우리의 삶에 부요를 부어 주는 통로인 것이다. 언젠가 너무 큰 고통이 찾아온다 싶을 때 "왜 이런 고난을 저에게 주시나요"란 고백을 나도 모르게 한 적이 있다. 그런데 얼마 지나지 않은 현 시점에서 뒤를 돌아보니 "너무 감사한 고난이었어요"라는 고백을 하게 되었다.

　사람들은 자기에게 없는 것을 가지고 힘들어한다. 그 얼마나 불행한 것인가? 하나님이 나에게 주신 1달란트, 2달란트, 5달란트를 바라보면서 어떻게 하면 하나님이 주신 것들을 잘 사용해서 인생을 현명하게 살아갈 것인가를 생각하면 된다. 그러면 부요와 행복의 세계로 들어갈 수 있다.

고난을 견뎌 내는 방법

고난을 견뎌 내는 방법은 무엇일까? 정답은 아주 간단하다. 기도의 자리에 머무는 것이다. 고난을 견뎌 내고 이겨 내는 방법은 기도로 하나님을 찾는 것 외에는 없다.

예수님도 고난을 앞두고 오랜 시간 별도의 기도 시간을 가지셨고, 욥도 고난을 당할 때에 하나님께 문제를 들고 나아가 기도하는 시간을 가졌다.

기도는 고난을 통해 우리에게 행하실 하나님의 뜻을 알아갈 수 있는 유일한 통로이자 축복의 사다리를 연결하는 것이다.

기도의 사전적 의미는 '마음으로 바라는 바가 이루어지기를 하나님께 비는 일이나 의식'이다. 마음으로 바라는 바를 하나님께 아뢰고 간구하다 보면 그것을 통해 이루어 가시는 하나님의 비밀을 알아 갈 수 있다.

흔히 고난을 해석할 때 '이것은 나에게 오는 저주야' 혹은 '나에게 오는 큰 괴로움이야'라고 잘못 이해하는 경우가 있다. 이런 경우엔 하나님을 원망하거나 현실적 문제에 매몰되어 실수를 범하게 될 때가 많다. 성경의 인물들과 예수님을 바라볼 때 이 고난의 파도를 어떻게 현명하게 벗어나고 또 다른 결과를 대하게 되었는지를 확인하고 기억할 필요가 있다.

고난은 또 다른 축복을 위한 통로라는 것을 분명히 하고 고난이 올 때 감사하는 인생을 살아가야 한다. 보디발 아내의 유혹이 없었다면 어떻게 요셉이 총리가 될 수 있었을까? 평생을 평범한 사람으로 살아가지 않았을까?

성숙의 길로 가는 길에는 반드시 시련이 필요하다. 하지만 그것을 받아들이는 방법에는 여러 가지가 있고 온전히 기쁘게 여기고 받아들이지 않으면 하나님께서 원하시는 축복을 그대로 다 받을 수가 없다는 점은 분명한 사실이다.

"약할 때 강함 되시네. 나의 보배가 되신 주. 주 나의 모든 것"이라는 찬양이 있다. 정말 그렇다. 우리가 너무 간절히 하나님을 찾는 때가 있는데 그때가 딱 정해져 있다. 바로 약할 때다. 약할 때 하나님을 간절히 찾고 나의 보배임을 고백하게 된다. 하나님은 그런 우리를 너무나 잘 아시기 때문에 하나님을 찾고 행복하게 살아갈 수 있도록 해 주시기 위해 고난을 주시는 것이다.

투정은 고난을 부르는 배부른 소리

가끔 우리는 하나님께 투정을 할 때가 있다. 내가 원하는 대로 되지 않을 때 주로 투덜거린다. 하나님의 때가 아닌 내가 정한 때에 포커스를 맞춘다. 불평, 불만을 늘어놓는 마음을 갖고 있으면 일이 잘 풀리지 않는다.

이럴 때 꼭 어김없이 여러 종류의 고난이 찾아온다. 하나님은 고난을 통해 우리가 하나님을 더 찾기를 원하신다. 고난은 힘겹지만 하나님을 더 찾게 되기에 살아가면서 고난을 통과해야 하는 것이다.

고난이 어차피 만나야 할 녀석이라면 고난을 좀 더 현명하게 이겨 내고 싶어진다. 어느 정도는 고상하게 이 어려움을 이겨 내고 싶지만 이게 말처럼 그렇게 쉽지가 않다.

약간의 고요한 순간들이 찾아오면 어김없이 넘어지는 나약함이 우리에게 있다. 괜한 일에도 짜증이 나고 평소에 잘 참아 내던 것들도 이상하게 마음에 안 들고 불평, 불만과 투정들을 쏟아 내게 된다. 이것이 바로 고난을 부르는 배부른 소리다.

우리는 가끔 잊어버리곤 한다. 감사하면서 말하고 기도했던 것들을 말이다. "하나님 이것만 이뤄 주시면", "이 고난만 넘어가게 해 주시면", "이 상황만 처리되면 하나님을 더욱더 찾고 기도하고 신뢰하고 매달리겠습니다"라고 말이다. 그런데 실상은 어떠한가? 이것만 넘고 나면 역시 또 마음대로 하고 있는 우리 모습을 보게 된다.

고난의 상황 중일 때의 간절함은 온데간데없이 현재의 상황에 매몰된 채로 "이건 왜 이래요?", "저건 왜 이래요?", "하나님, 저한테 너무하시는 거 아니에요?", "이 정도 했으면 된 거 아닌가요?"라며 불평, 불만을 늘어놓곤 한다. 그럼 또 하나님은 우리에게 더 좋은 걸 주시기 위해 우리의 명약인 고난을 주실 수밖에 없다.

그저 감사하자. 그저 기뻐하자. 그저 하나님께 기도할 수 있음에, 하나님께 아뢸 수 있음에 행복해하자. 그게 그렇게 힘든가? 정말 힘들다면 당신이 고난 받던 상황을 떠올려 보라. 금세 감사와 찬양이 터져 나올 것이다.

지금 내가 눈떠 있음에, 현재 내가 하나님께 기도할 수 있음에, 현재 내가 가족들과 함께 살아갈 수 있음에 감사하자. 직장을 다닐 수 있음에, 밥을 먹을 수 있음에, 심지어 매 순간순간이 그저 감사의 재료다.

이런 인생이 되어야 하지 않겠는가? 하나님께 감사와 찬양이 늘 흘러넘치는 인생 말이다. 그 얼마나 경이롭고 신기한 인생인가? 그것은 바로 하나님께서 주신 고난의 길을 감사함으로 이겨 냈을 때 이루어 낼 수 있는 부분이라는 오묘한 진실을 깨달아야 한다.

4-4.

고난을 이겨 내야 하는 이유

고난을 이겨 내야 하는 이유를 생각해 보면 생각보다 간단하게 정리된다. 단순히 한 단어만 생각해 보면 쉽게 이겨 낼 수 있게 된다. 바로 예수님이다. 예수님을 생각해 보면 정말 고난의 대명사라고 해도 과언이 아니다.

예수님은 천국에서 하나님 우편에서 편하게 신으로 계셔야 하는 분이다. 신의 몸을 벗고 인간의 몸을 입어 그렇게 힘들고 험한 길을 감당하셨다. 우리를 사랑하시기 때문에 그 엄청난 일을 감당하신 것임을 안다.

우리가 고난을 이겨 내야 하는 이유는 예수님의 그 엄청난 사랑을 느끼는 축복을 받아야 하기 때문이다. 고난의 상황에서는 아무것도 느낄수 없다. 하지만 지나 보면 그것은 예수님의 사랑을 경험하고 기억할 수 있는 경험이었음을 부인하지 않을 수 없다.

회사를 운영하다 보면 다양한 사람들을 만나게 된다. 특히 기억에 남는 고객이 있는데, 파워 블로그를 운영하던 사람이었다. 그 일을 겪으며 그 사람을 블로그 마녀로 부르기로 했다.

블로그 마녀는 집 리모델링을 무료로 시공 받기로 작정하고 덤빈 사람이었다. 다분한 의도가 들어가 있었다. 집이 변해 가는 과정을 일부러 사진으로 찍어서 업로드를 했다. 결과가 아닌 과정을 찍으면 당연히 이상하게 보일 수밖에 없다.

분명 결과물은 제대로 나왔지만 만들어지는 과정을 결과인 것처럼 각색해서 올리니 이상할 수밖에 없었다. 이 내용을 악의적으로 편집해 인터넷에 올리는 바람에 심적으로 상당히 괴로운 시간을 보내는 경험을 했다. 다행히 사진을 대조하는 과정들을 통해 악의적 편집임을 증명했다. 결론적으로는 잘 내용이 정리되었다.

힘든 시간이었다. 억울하기도 했고, 황당하기도 했다. 그 어이없는 사건을 통해 심한 마음의 상처도 받았다. 사람에 대한 신뢰가 무너지기도 했다. 하지만 감사하게도 그 사건을 통해 하나님을 바라보는 방법을 배우게 되었다.

가끔 생활 속에서 이해할 수 없는 상황들을 만난다. 다행인 것은 그 속에서 예수님을 경험할 수 있다는 것이다. 고난을 통해 예수님을 가슴 깊이 경험하게 된다. 고난이라는 고통의 시간을 통해 예수님을 만난다. 고통은 그저 아픔일 뿐일 것 같지만 그 속에 하나님의 축복이 있다. 그 축복은 고난을 통해 온다. 그 경험을 통해 하나님을 깊이 느끼는 것이 바로 축복이기 때문이다.

때로는 즉각적 순종이 필요하다. 하나님은 아브라함에게 가라고 하셨고 아브라함은 그 가라는 말씀만 믿고 나아갔다. 말도 안 되는 고난의 길이지만 그냥 묵묵히 하나님의 말씀을 듣고 따라갔다. 그 결과는 어떠했나? 모두가 아는 대로 창대하게 되었다. 만약 그때 그 말씀을 아브라함이 듣지 않고 "하나님 이래서 안 돼요", "저래서 안 돼요"라고 말하며 방황했다면 지금의 믿음의 조상은 존재하지 않을 것이다.

우리의 삶 속에서 하나님이 하시는 일과 그 방향성에 대해 깊이 들여다보게 될 때 놀라움과 감동을 느끼게 될 때가 많다. 그렇다. 우리는 피조물이다. 우리는 아무것도 모른다. 사실 한 치 앞도 내다보지 못하며 내일도 무슨 일이 일어날지 모르는 연약한 존재이다.

그래서 더 고난을 이겨 내야 한다. 이 과정을 경험한 사람이야말로 하나님의 그 놀라운 섭리를 조금이라도 이해하는 삶을 살 수 있다. 인생 속에 거하시는 성령님께 감사하며 하나님이 원하시는 삶의 방향성을 좇아 살아갈 수 있게 된다.

4-5.

고난을 감사해야 하는 이유

가끔은 관계를 하면서 가장 무서운 걸 경험할 때가 있다. 무엇일까? 바로 지금 생각하는 그 단어가 맞다. 바로 무관심이다. 사람들은 생각보다 관심 가져 주길 원한다. 그러나 그 관심을 받지 못해 힘겨워하는 경우를 볼 때가 있다.

우리가 고난을 감사해야 하는 이유도 바로 거기에 있다. 하나님이 우리에게 무관심하면 어떻게 될까? 우리의 인생의 항로가 과연 올바르게 나아갈 수 있을까? 하나님은 고난을 통해 우리에게 감사해야 할 이유를 알려 주신다.

망각하고 살아가는 삶 속에서 우리 삶의 이유와 그 본질을 생각하게 하는 방법 중의 하나가 고난을 선택하시는 것이다. 그 이유는 우리가 고난을 경험하지 않고는 너무 교만해지기 때문이다. 잠시 머릿속을 더 들어 보라.

'당신의 삶 속에서 교만했던 순간이 없었는가?'라는 질문을 한다면 당당한 사람이 몇 명이나 있을까? 필자도 잠시 뒤를 돌아보니 교만했던 때가 많았다는 생각을 하게 된다.

일이 잘 풀리고 승승장구하던 시절, 이런 고백을 한 적이 있다. **하나님이 주신 것이니 다 가져가도 괜찮다고.** 그런데 정말 하나님이 일부를 가져가 가시고 나니 그게 정말 큰 교만이었다는 것을 느끼고 배우게 된다.

피조물 된 우리는 하나님의 깊은 뜻을 알 수 없지만 감히 교만해서는 더욱 안 되는 것이란 교훈을 얻게 된다. 고난을 당하고 보니 감사해야 될 제목이란 걸 고백할 수 있음은 그 시절에 한 고백이 교만이었음을 깨달을 수 있기 때문인 것 같다.

만약 고난을 경험하지 않고 그대로 앞으로 달려갔다면 내가 잘나서 모든 게 다 잘되었다 생각하며, 교만한 내가 문제라는 것을 지각하지도 못한 채 한순간에 무너지지 않았을까? 생각만 해도 아찔하다.

하나님은 그렇게 우리를 깊게 사랑하셔서 넘어져서 일어나지 못하는 수렁에 빠지지 않도록 친히 길을 인도하시고 계신 것이다.

순종을 배우는 방법

순종 하면 생각나는 인물이 요나다. 요나 마음대로 선교지를 정해 가다가 물고기 배 속에 갇혀 회개를 하고 하나님이 원하시는 선교지인 니느웨로 가서 복음을 전한 일화만 봐도 순종을 배우는 방법 중 중요한 부분을 차지하고 있는 부분이 고난이라는 것을 알 수 있다.

우리가 원하는 대로 우리 삶에 고난이 존재하지 않는다면 우리가 얼마나 교만하게 될까? 내가 원하고, 하는 것이 정말 올바르고 정확한 선택이었다며 으스대고 있지 않을까? 요나처럼 물고기 배 속에서 고민하는 시간이 있어야만 하나님의 방향성을 올바르게 이해할 수 있지 않을까?

고난의 길을 걷고 있는 요즘, 필자의 머릿속에는 이런 생각이 든다. '하나님이 이제 더 큰 축복을 부어 주실 때 교만하지 않도록 노력할 수 있겠구나'라고 말이다. 이전의 모습이라면 필시 교만한 모습으로 변질되었을 것이란 생각이 든다.

고난을 당하면서 순종하는 것을 배우게 되면 하나님이 예비하신 축복의 길로 들어설 수 있다. 그렇다면 어떻게 순종을 배우는 것일까? 요나처럼 고난으로 올바른 길을 알려 주려고 하시는 하나님의 타이밍에 맞게 기도해야 한다. 늘 깨어 기도하라고 하신 예수님의 말씀처럼 24시간 주어진 시간들 속에 늘 깨어 기도해야 한다.

늘 깨어 기도하기가 어렵기 때문에 시간을 정해 놓고 기도해 보길 권한다. 하루 세 번 알람을 맞춰 놓고 기도하고 있는 요즘, 조금 더 하나님께 다가가기가 쉬워진다는 생각이 든다. 하루 세 번 정해진 시간에 주기도문을 외우고 그 의미를 깊이 새기다 보면 알 수 없는 평안함과 감사함이 자리를 잡는 것을 느낀다.

기도를 매일 세 번 정해진 시간 동안 하면 감사하다는 말과 내 안에 있는 죄 있는 모습을 회개하게 된다. 기도로 인해 무한한 기쁨의 자리에 서게 된다. 무슨 헛소린가 싶을 것이다. 그렇다면 한번 실천해 보라. 너무 힘들어서 한숨 쉬고 싶을 때 정말 큰 위로를 얻게 되는 시간이 될 것이다.

고난에 순종하기가 정말 어려웠고 여전히 어렵다. 하지만 고난에 순종해 보니 감사와 기쁨 그리고 잘 알지 몰랐던 죄를 회개하는 방법을 배우게 된다. 늘 이해할 수 없는 고난이었지만 지나고 보니 참, 정말 감사한 것들이었다는 것을 알 수 있었다.

4-7.

하나님께 중독되면 된다

요즘 사회적으로 중독이 이슈다. 게임, 도박, 마약 등 다양한 중독의 소재들이 우리 삶을 에워싸고 있다. 특히 마약 중독이 요즘 큰 이슈로 다가온다. 인스타나 SNS 매체들을 통해 무분별하게 유통이 이뤄지고 있다. 무엇 때문에 이런 일이 발생하는 것일까? 모든 것이 공허함 때문에 발생한 것이다. 그 내용을 깊이 들여다보면 그 속에 불순종과 죄가 있다.

이 어려운 난제들을 어떻게 풀어야 할까? 의외로 답은 간단하다. 중독을 해결하는 방법은 바로 하나님께 중독되는 것이다. '무슨 말이지?' 라는 의문을 가지는 독자들이 있을 것이다. 사회에서의 즐거운 것들은 어느 정도의 시간이 지나면 재미가 사라지게 되어 있다. 일시적 기쁨을 주는 요소들로 구성되어 있기 때문이다. 유한성을 가지고 있는 것에 무한성을 기대하다 보니 공허함이 표면에 드러나게 되는 것이다.

하나님은 반대로 무한성을 갖고 계신다. 유한하지 않기 때문에 하나님께 깊이 몰입하면 그 속에서 모든 해답을 얻게 된다. 어떻게 보면 중독은 공허함에서 출발한, 자기만족을 하기 위한 수단이다. 그 출발점을 없애 버리면 해결책은 간단히 나타나게 된다. 하나님의 마음과 하나님의 선하심에 중독되면 공허함은 사라진다.

학창 시절 방학 때마다 수련회를 갔었다. 늘 그 속에서 은혜와 부요함을 느낄 수 있었다. 그 이유가 무엇일까? 바로 하나님이 동행하시는 시간 속에 있었기 때문이다. 수련회 시간 동안 하나님과 교감하기 위해 기도하고 말씀 보는 시간을 반복했기에 은혜가 가득했던 것이다.

현 시점에 중독의 고난에 빠져 힘들어하는 독자들이 있다면 힘주어 말해 주고 싶다. 하나님께 중독되는 시간을 보내 보라고 말이다. 중독의 시간들은 결국 하나님과 멀어진 마음의 거리 때문에 더 길어진다. 마음이 꽉 차 있고 평온한 사람은 마약을 할 필요가 없다. 마약 중독자들이 동일하게 하는 말이 마약을 하기 전으로 돌아간다면 다시는 첫 번째 마약을 했던 행동을 하지 않을 것이라 한다.

중독이 너무 큰 어려움으로 내 삶을 피폐하게 만들고 있다면 발버둥치는 기도를 해야 한다. "하나님, 제가 마약(게임, 도박)을 끊고 싶은데 제 힘으로 할 수가 없습니다. 이 중독된 영혼을 불쌍히 여겨 주시고 저를 중독에서 구원해 주소서"라고 간절히 기도하며 중독으로부터 나를 자유하게 하겠다고 결단하는 기도를 해야 한다.

그리고 행동으로 실천해야 한다. 술과 담배를 끊은 사람들의 행동 패턴과 동일하게 정리해 나가면 된다. 처음엔 횟수를 줄이고 마지막에는 하지 않는 것으로 종지부를 찍으면 된다. 그 속에서 가장 중요한 것은 내 힘으로 하려는 생각과 행동을 제어하는 것이다. 나의 연약함을 인정하고 오롯이 하나님의 도우심을 간구하며 차근차근 꼬인 실타래를 풀어 나가듯이 앞으로 나아가야 한다.

하나님께 온전히 내어 맡길 때 뚫리지 않을 것 같던 철옹성을 함락하는 것과 같이 나를 휘감고 있는 중독에서 벗어나는 경험을 하게 될 것이다.

4-8.

고난은 극적인 하나님의 일하심을 경험하게 한다

대인기피증이 생길 만큼 나를 힘들게 했던 고객이 있다. 제주도에 신축을 건축하고 있다는 사람이었다. 대부분의 준비 과정이 끝나고 마무리 공정을 남겨 두고 있다고 했다. 가구 파트를 맡아 줄 것을 부탁해서 제주로 가게 되었다.

완성도 높은 가구 공정을 위한 사전 작업을 위해 제주까지 가서 천정형 후드 신설 위치를 체크해 주었다. 건축주와 협의한 후 표기를 했음에도 불구하고 본인의 마음이 바뀌었다며 다른 위치에 제품을 설치할 것이라고 일방적으로 통보해 왔다. 그러면서 벽면 전체의 마감 작업을 새로 해 달라고 했다.

황당했다. 협의한 내용을 고객 변심으로 바꾸어 놓고 당당히 보상을 요구하니 말이다. 그럼에도 불구하고 나는 천정형 후드 설치를 위해 표기한 부분에 대해 페인트 작업을 다시 할 수 있게 해 주겠다고 했다. 그랬더니 화이트 색상의 명암이 차이가 난다고 집 전체의 페인트 작업을 새로 해 달라는 것이었다.

알고 보니 이 사람들은 사기꾼이었다. 여러 개의 업체를 계속해서 바꾸어 가면서 악의적으로 결재를 해 주지 않고 일을 해 왔던 것이다. 제주에 있는 몇몇 업체에게 이 사람들에 대한 내용을 듣고 '사람이 어쩌면 그럴 수 있나?'란 생각에 괴로운 시간을 경험하게 되었다.

제주에 다녀오고 여러 번 도면 미팅을 했는데 모든 것이 헛수고가 되었다. 너무 화도 나고 속도 상한 경험이었다. 계속해서 무리한 요구를 하는 그들 때문에 엄청난 심적 고통이 있었다. 말도 안 되는 주장을 하는 고객을 경험하는 것은 마음속 깊은 곳에 상처를 내고 피가 철철 흐르는 경험을 하는 것과 같은 일이다.

대화가 되지 않는 사람을 상대하며 사람이 한없이 싫어지는 경험을 했다. 그 고통의 시간 속에서 하나님께서 세밀하게 일하심을 경험하게 되었다. 사람이 할 수 없는 것이 있다는 것을 절실히 느끼게 되었다. 쉼 없이 그 일을 두고 기도하는 동안 쉬지 않으시는 하나님의 일하심을 경험한 순간이었다.

하나님께서는 그들의 일방적인 요구를 들어주지 않으면서 합리적으로 해결할 수 있는 대안을 찾게 하셨다. 그것이 계약금 환불이었다. 제주를 다녀오는 수고와 비용 그리고 그간의 도면 상담 등의 과정은 매몰 비용으로 들어갔다. 그 과정을 통해 블랙컨슈머가 어떤 것인지 뼈저리게 알 수 있었다.

후에 들은 말이지만 그 이후로도 업체가 17번은 더 바뀌었다고 했다. 악한 사람들은 변하지 않는다. 그래서 악인들은 멀리하는 것이 좋다.

성경에 나오는 인물 중 극적인 하나님을 경험한 인물 중 가장 기억에 남는 사람이 다니엘이다. 그 인생을 들여다보면 고난 그 자체였다. 고난에 담대히 맞서 나아가서 고난으로 인지하지 못했을 뿐이다.

다니엘은 인생에 두 번의 위기를 맞는다. 첫 번째는 맹렬히 타는 풀무불에 던져지는 것이었고, 두 번째는 사자굴에 던져지는 것이었다. 풀무불이 얼마나 뜨거웠으면 다니엘과 세 친구를 던지던 사람이 불에 타 죽었을까? 사자굴은 또 어떤가? 다니엘을 모함했던 사람들이 사자굴에 던져졌을 때 그들은 바로 사자에게 잡아먹혀 죽었다.

어떻게 다니엘은 두 번의 죽을 수밖에 없는 고난의 상황 속에서 살아남았나? 바로 고난 중에도 하나님과 동행하며 하나님의 일하심을 경험했기 때문이다. 하나님이 천사를 보내 맹렬히 타는 풀무불 속에서 건지셨고, 사자굴에서는 사자의 입을 봉해 다니엘에게 조금도 상처를 내지 않으셨다.

다니엘은 이미 믿음을 가지고 하루에 세 번 창문을 열고 기도했다. 기도하는 것을 보면 죽게 될 것이 분명한 상황임에도 불구하고 계속해서 공개적으로 기도했다. 이때 공개적으로 기도하는 태도에 주목할 필요가 있다.

우리도 사회생활을 한다. 삶 속에 크리스천임을 드러내야 한다. 그럼 다니엘처럼 손해를 보는 순간을 만나게 된다. 그 당시에는 손해를 보는 것 같아도 죽을 것 같은 상황 속에서 구해 주시는 하나님을 경험하며 부요해지는 것을 알게 된다.

필자도 사업을 하면서 술을 먹지 않아 초창기엔 손해를 보는 경험을 했다. 그런데 술을 먹지 않으면서 포기한 것들을 신경 쓰지 않게 되자 하나님께서 다른 일들로 부요하게 만들어 주셨다.

크리스천으로 살아가는 것이 때론 불편한 삶일 수 있다. 때론 미련해 보일 수 있다. 그러나 하나님은 그런 불편함과 미련함으로 우리가 세상의 빛과 소금이 되길 원하신다. 다니엘 같은 믿음을 가지자. 하나님

이 반드시 구원해 주실 것을 믿고 어떤 상황에서도 변치 않는 믿음으로
자라 가는 하나님의 자녀가 되자.

우리 인생에는 풀무불과 사자굴이 늘 기다리고 다가온다. 그 속에서
도 평온하게 하나님께 기도했던 다니엘을 기억하자. 다니엘을 따라 하
루 세 번 창문을 열고 기도하며 살아가 보자. 더 이상 내 앞에 다가오는
고난이 두려움으로만 느껴지지 않는 순간을 만나게 된다. 그때는 극적
으로 일하시는 하나님을 온전히 만나고 경험하며 감사하면 된다.

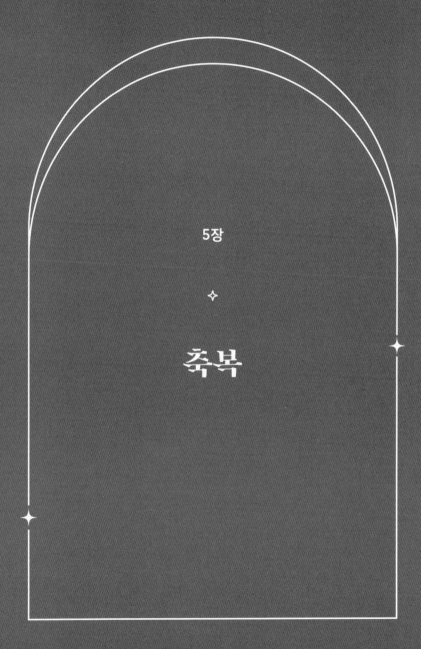

5장

✧

축복

하나님이 계획하신 놀라운 축복

힘든 고객을 경험했지만 감사한 것은 여전히 사람을 믿고 사랑할 수 있는 마음을 허락하신 것이다. 평소 만나는 고객분들 중 대다수가 좋은 분들이다. 고난을 경험하기 전에는 그것이 얼마나 감사한 일인지 인지하지 못했다.

착한 분들을 경험하는 것을 어쩌면 당연한 일로 여겼는지도 모른다. 블랙컨슈머를 경험하면서 좋은 고객을 만나는 것이 얼마나 큰 축복인지 알게 되었다. 하나님은 늘 나에게 축복해 주시기 원하신다는 사실을 알게 된다.

힘든 사람을 만난 그 시간은 견디기 힘든 고통의 시간이었지만 그 경험들로 인해 배우는 것들이 있다. 하고 싶은 말을 참고 인내하는 방법들을 배우게 된다. 오래 참음이 얼마나 중요한지 깊이 알게 된다. 그것들을 알고 실천해 나가야 한다는 것을 인지하는 것이 큰 축복이다.

고난을 경험한 후에는 늘 하나님의 놀라운 축복이 기다리고 있다. 그 축복은 다양한 종류로 나타난다. 내 경우에는 성품적인 성장과 함께 동역자들을 붙여 주시는 축복을 부어 주셨다.

책을 출간할 수 있도록 응원해 주고 기도하는 사람들을 곁에 보내 주셨다. '책을 내도 될까?'라고 고민하는 순간에 그 책을 통해 일하시는 분은 하나님이시니 믿고 맡기라는 동역자를 붙여 주셨다.

참 감사하다. 책을 쓰면서 느낀 점은 하나님은 그의 자녀를 통해 일하신다는 것이다. 하나님의 계획하심은 예정되어 있었다. 단지 우리가 그 계획의 내용을 알지 못할 뿐이다.

우리는 이미 하나님의 축복 받은 백성이다. 하나님의 축복 받은 백성으로 세상에 담대히 나아가 빛이 되는 삶을 살아가야 한다.

하나님은 누가복음 12장 31절에서 이렇게 말씀하신다. "너희는 먼저 그의 나라와 그의 의를 구하라. 그리하면 이런 것들을 너희에게 더하시리라."

하나님의 나라와 의를 구할 때 하나님의 축복이 우리에게 임한다. 이 세상 모든 것을 주장하시는 하나님의 축복을 받는 삶을 살아가자. 축복을 받기 전에 기억해야 할 것은 하나님이 주신 고난을 불평, 불만을 늘어놓지 않고 잘 감당하는 자세가 필요하다는 점이다.

5-2.

실수하지 않으시는 하나님

하나님은 실수하지 않으시는 분이다. 삶을 살아가다 보면 내게 주어진 결과를 보고 '하나님이 실수하셨나?'라는 생각을 할 때가 있다.

하나님은 완전하신 분이시다. 우리가 우리 자신을 위해 구한 것이 필요하지 않다고 판단하신 것이다. 원하는 것을 구했는데 얻어지지 않으면 마음대로 생각하게 될 때가 있다.

내가 간구하는 기도 제목이 모두 하나님의 뜻에 부합하는 것은 아니다. 실수하지 않으시는 하나님이 준비한 축복을 온전히 받으려면 하나님의 뜻을 기도하며 알아 가는 과정이 필요하다.

필요한 것이 있을 때 기도로 나아간다. 기도 제목을 위해 기도하며 한 가지 더 기억하자. 이 기도 제목을 하나님의 선하신 뜻대로 이뤄 달라고 기도해야 한다.

　나를 내려놓고 온전히 하나님의 뜻을 간구해야 한다. 낮은 자세로 겸손히 하나님께 나아갈 때 실수하지 않으시는 하나님의 역사를 경험하는 삶을 살게 된다.

5-3.

하나님은 반드시 계획을 실행하신다

인생을 살아가다 보면 '와! 이렇게 이뤄 가시는구나'라고 느낄 때가 있다. 휴학했던 아내가 대학원을 다시 나가면서 하나님의 놀라우신 계획을 더 느끼게 되었다.

처음에는 함께 입학한 동기들이 졸업해서 학교 다닐 때 어려움을 겪지는 않을까 염려하기도 했다. 그러나 완전한 계획을 갖고 계신 하나님은 감사할 수밖에 없게 만드는 동역자들을 예비하고 계셨다. 함께 CCM 사역에 대해 의논하고 고민할 수 있는 사람들을 통해 대학원을 다니는 시간이 새로운 은혜의 시간으로 다가오게 하셨다. 하나님은 우리가 생각하지 못한 방식으로 아내가 대학원을 다니는 시간 동안 휴학과 복학을 통해 새로운 계획을 경험하게 하셨다.

마찬가지로 필자에게도 출간의 계획을 알려 주셨다. 얼마 전 『믿음으로 경영하라』를 출간하였다. 3년의 시간이 걸렸다. '아직은 때가 아니야'라고 생각했던 필자의 마음에 '왜 출간하지 않고 있느냐'란 마음을 주신 하나님의 두드림이 있었다.

그렇게 필자의 첫 번째 책인 『믿음으로 경영하라』는 세상에 첫 발을 내딛게 되었다. 이 땅을 살아가며 신앙생활로 고민하는 수많은 평신도의 마음에 답답함을 푸는 데 도움이 되길 바라는 마음으로 쓴 책이다.

이 책을 출간하고 나니 하나님의 계획이 또 하나 마음의 문을 두드린다. "그래서 다음 책은 언제 출간할 거니? 때가 되지 않았니?" 곧바로 회개하고 "하나님 순종하겠습니다"라고 고백했다. 첫 번째 책을 낸 지 얼마 되지 않아서 아직 때가 아니라고 생각했는데 하나님의 계획은 필자의 시간표와 달랐다.

이미 『고난은 축복이더라』의 출간 계획표도 세우고 계셨다. 부족한 종을 통해 일하시는 하나님의 계획하심을 느낀다.

5-4.

하나님의 인도하심을 따라가는 방법

삶을 살아가면서 하나님의 인도하심이 필요하다. 어떻게 하면 하나님의 인도하심을 따라갈 수 있을까?

실패를 통해서다. 실패의 순간에 하나님을 만난다. 어찌할 바를 몰라 헤맬 때 하나님을 만난다. 넘어져서 앞으로 나아갈 힘이 없을 때 하나님의 인도하심을 구해야 한다.

혹시 지금 실패의 순간을 지나고 있는가? 낙심하고 있는가? 그렇다면 하나님의 인도하심을 간구하자. 넘어져 있을 때 그때가 하나님을 찾아야 할 때다. 하나님은 늘 우리가 하나님을 찾으며 살아가기 원하신다.

힘들고 어려운 순간에 낙망해 넘어져 있을 때 하나님은 우리의 간절한 간구를 기다리고 계신다. 방법과 때에 맞는 하나님의 역사하심은 우리 삶을 새롭게 만든다.

하나님의 인도하심은 우리를 새로운 길로 인도해 가신다. 실패의 순간에 낙심해서 포기해 버리면 하나님의 인도하심을 경험할 수 없다. 핑계 대지 말자. 그건 실패의 순간에 그냥 머무르며 숨고 싶은 마음을 표현하는 것일 뿐이다.

넘어진 자리에서 일어나는 유일한 방법은 모든 것을 내려놓고 해결 방법을 하나님께 구하는 것이다. 그 고백을 통해 하나님은 일어날 힘을 부어 주신다.

하나님의 인도하심을 구하는 방법은 기도다. 기도의 중요성에 대해서는 두말할 필요가 없다. 매일 주어지는 24시간 속에 잠자는 시간을 제외하면 16시간을 우리가 사용한다.

기도할 때는 하나님께 일어설 힘을 달라고 해야 한다. 그리고 마귀가 내 마음을 어지럽히지 못하도록 예수 그리스도의 이름으로 담대히 마귀를 내쫓는 대적 기도를 함께 해야 한다. "내가 나사렛 예수의 이름으로 명하노니 내 마음을 어지럽히는 너 마귀 사탄아, 물러갈지어다"라고 담대히 외치자.

언제, 어느 때든지 기도하자. 그 기도를 기뻐 받으시는 하나님께서 우리의 삶을 새롭게 하실 것이다. 우리 삶에 하나님이 동행하시면 두려울 것이 없는, 축복이 가득한 인생이 된다.

하나님이 함께하심을 경험하는 삶

하나님이 우리와 늘 함께하신다는 것을 느끼는 삶은 정말 큰 축복을 받은 삶이다. 어떻게 하면 늘 그렇게 살아갈 수 있을까?

바로 말씀과 QT 생활을 통해서다. 성경은 구약과 신약으로 구성되어 있다. 이 성경을 차근차근 매일 읽어 보는 것이다.

매일 읽으며 받아들이는 말씀을 통해 하나님이 함께하심을 경험할 수 있다. 매일 읽어야 한다. 거기에 핵심이 있다. 바쁘다는 핑계로 하루 분량을 넘어가면 하나님의 역사하심의 축복을 건너뛰게 될 수 있다.

다음으로 QT다. 말씀 묵상의 시간은 하나님이 어떤 분이신지, 내 삶은 어떻게 살아가야 할지를 깊게 숙고할 수 있게 한다.

매일 성경을 통해 주어지는 본문은 우리 영혼의 양식이 된다. 하루 세끼 밥을 꼬박꼬박 챙겨 먹듯이 매일 QT를 하는 삶을 생활화해야 한다.

하나님은 우리에게 늘 복 주시기를 원하신다. 다만 우리가 축복 받을 준비가 되어야 주실 수 있다. 우리의 삶을 축복 받은 자의 삶으로 만들어 가자. 그 속에 경험하는 부요와 행복을 체험하는 삶을 살아가도록 하자.

고난 후에는 승리가 있다

　고난의 대명사 하면 욥을 떠올리지만 사실 가장 우리에게 큰 선물을 주신 예수님이 고난의 아이콘이다. 예수님은 가룟 유다에게 은 몇 푼에 팔리셨다.

> 이에 유다가 대제사장들과 성전 경비대장들에게 가서 예수
> 를 넘겨 줄 방도를 의논하매 그들이 기뻐하여 돈을 주기로
> 언약하는지라. 유다가 허락하고 예수를 무리가 없을 때에
> 넘겨줄 기회를 찾더라.[4]

　유다는 동고동락한 예수님을 돈 몇 푼에 팔았다. 배신을 당해 본 사람은 안다. 사람이 주는 상처가 얼마나 큰지를 잘 알고 있다. 마음속 깊

---

[4]　누가복음 22장 4~6절

은 곳에서 올라오는 울분을 조절할 수가 없다. 그저 아픔 그 자체를 견디기만 해야 하는 것이 배신의 아픔이다.

친구, 선후배, 직장동료, 더 나아가 가족 등 다양한 관계 속에서 배신을 경험한다. 배신을 당했을 때의 쓰라린 고통은 수치화할 수 없을 정도로 크고 깊다. 상처는 연고를 바르면 되지만 배신으로 인한 고통은 치료제가 없다.

작은 배신도 이렇게 힘들고 고통스러운데 예수님은 배신을 할 사람을 알면서 제자로 데리고 다녀야 했다. 더 나아가 그걸 다 알면서도 배신을 몸소 당하셔야 했다. 예수님의 고난을 가늠할 수 없는 이유다.

가룟 유다에게 팔린 것은 그저 시작에 불과했다. 예수님은 결국 십자가에 달리셨고 고통스럽게 숨을 거두는 형을 당하셨다. 죄 없는 예수님의 고난으로 인해 우리는 하나님께 나아갈 수 있는 축복을 얻게 된 것이다.

예수님의 배신을 당하는 시간과 십자가의 시간은 엄청난 고난이었다. 그러나 그로 인해 얻은 상급은 이 세상 그 무엇과도 바꿀 수 없는 값진 것이다. 우리는 아담부터 내려온 죄로부터 해방되었다.

하나님은 우리를 용서하기 원하시고 사랑하신다. 그래서 아들 되신 예수님을 고난 중에 엄청난 고통을 경험하게 하시면서 대속물로 사용하신 것이다. 이 엄청난 사실을 아는 우리는 땅끝까지 이르러 증인이 되라고 하신 하나님의 지상명령을 기억하며 살아가야 한다.

우리의 삶 속에서도 마찬가지다. 배신으로 인해 고통 받고 있는 독자들이 있다면 말해 주고 싶다. '이 또한 지나가리라.' 배신으로 인해 아물 것 같지 않던 상처도 시간이 지나면 해결된다. 필자에게도 고통의 시간이 있었다. 용서할 수 없어서 하나님께 용서할 수 있는 힘을 달라고, 아니 이 시간을 견딜 수 있는 힘을 달라고 기도했다.

하나님은 필자의 기도를 들으셨고 배신과 악을 행하는 이들을 하나님의 때에 하나님의 방법으로 벌하셨다. 우리는 그저 하나님의 뜻을 구하고 기도하면 된다. 그것이 고통스러울 때는 예수님을 생각하자.

가룟 유다의 배신과 십자가의 고통을 경험하신 예수님의 고난에 비하면 그저 작은 해프닝일 뿐이다. 이렇게 표현하는 필자도 배신을 경험하니 정말 너무 고통스러웠다. 그래서 배신당한 사람들의 마음을 공감할 수 있다.

인간의 방법으로 그 시간을 해결할 수 없다. 그냥 인정하고 하나님께 평안한 마음을 달라고 기도하며 묵묵히 하나님의 역사하심을 경험할 때 비로소 자유함을 누릴 수 있게 된다.

예수님은 십자가 고난으로 죽은 지 사흘 만에 다시 살아나셨다. 부활이 있기에 십자가는 우리에게 희망이 있다. 예수님의 부활로 모든 것이 회복되었다. 우리는 그 기쁨에 참여하기만 하면 된다.

배신으로 고통을 당한 사람들이 있다면 이 글을 통해 위로를 받기를 원한다. 고통의 시간을 지날 때는 아무 말도 어떤 위로도 별 도움이 되지 않는 것 같은 어둠의 시간을 경험하게 된다. 그러나 반드시 터널 같은 어둠 뒤에 우릴 기다리고 계시는 하나님이 있다.

우릴 사랑하며 축복하시는 하나님을 기억하며 그 터널을 잘 걸어 나오면 된다. 한 걸음, 한 걸음이 정말 힘들 수 있다. 충분히 그럴 수 있다. 그런 모습을 인정하면서 기도해야 한다. 힘찬 걸음은 아닐지라도 한 발씩 앞으로 내딛을 수 있는 힘을 달라고 하나님께 간구해야 한다.

터널을 지나 보면 알 수 있다. 하나님이 왜 이 터널을 걸어가게 하셨는지를 말이다. 필자의 경험엔 하나님이 사용하시기 위해서였다. 배신을 통해 오래 참음과 인내를 배우게 하셨다. 하고 싶은 말을 참게 하는 법을 배우게 하셨다.

그래서 하나님이 사용하셔야 할 때에 쓸 수 있는 사람으로 빚어져 가는 것을 느낄 수 있었다. 여전히 부족하고 여전히 많이 부서지고 다듬어져야 할 필자이지만 하나님은 축복의 통로로 고난을 사용하고 계심을 배운다.

고난으로 인해 침체에 빠져 있는 분들이 있다면 이 글을 보고 힘을 얻기를 바란다. 누구나 삶 속에 깊은 고통을 경험한다. 그러나 지나 보면 모두 하나님의 섭리 안에 있었음을 알게 되는 순간이 온다. 그 시간을 지나면 사랑의 하나님의 축복을 경험하게 된다.

순종으로 받게 되는 축복

주께서 이르시되 일어나 직가라 하는 거리로 가서 유다의 집에서 다소 사람 사울이라 하는 사람을 찾으라. 그가 기도하는 중이니라. 아나니아가 대답하되 주여 이 사람에 대하여 내가 여러 사람에게 듣사온즉 그가 예루살렘에서 주의 성도에게 적지 않은 해를 끼쳤다 하더니.

주께서 이르시되 가라. 이 사람은 내 이름을 이방인과 임금들과 이스라엘 자손들에게 전하기 위하여 택한 나의 그릇이라. 아나니아가 떠나 그 집에 들어가서 그에게 안수하여 이르되 형제 사울아 주 곧 네가 오는 길에서 나타나셨던 예수께서 나를 보내어 너로 다시 보게 하시고 성령으로 충만하게 하신다 하니 즉시 사울의 눈에서 비늘 같은 것이 벗어져

다시 보게 된지라. 일어나 세례를 받고…[5]

아나니아의 순종이 얼마나 쉽지 않았을까? 아나니아는 그들을 박해하고 죽이고 힘들게 하던 사울을 안수하라는 하나님의 말씀을 듣는다. 아나니아의 순종이 아름답다. 그저 하나님이 말씀하셨기에 순종한다. 그 순종으로 인해 바울이라는 어마어마한 사역자가 탄생하게 된다.

우리 삶에서도 아나니아의 순종이 필요할 때가 자주 있다. 하나님께서 하라 하시면 묻지도 따지지도 말고 그냥 순종해야 한다. '내 생각에 이렇고 저렇고 해서 다음에 하면 안 되나요?' 이런 질문을 해서는 안 된다. 우리에게는 그럴 자격이 없다. 자격을 떠나 그런 불순종은 바보 같은 행동이다. 순종을 통한 하나님의 축복을 발로 차 버리는 행동이기 때문이다.

하나님은 우리를 정말 사랑하신다. 그래서 더 많은 것을 주고, 또 주기를 원하신다. 우리 그릇이 하나님의 사랑을 받을 만큼 넓어지지 못하면 하나님의 사랑을 온전히 담아낼 수 없다. 아나니아의 순종을 우리 삶에 적용해 보자.

---

5) 사도행전 9장 11~18절

나를 배신했던 사람들을 용서하는 일, 정말 원수 같은 사람을 하나님께 기도로 올려 드리는 일들을 실천해 보자. 하나님은 우리의 순종을 너무 크게 기뻐하신다. 그 순종으로 나아가는 하나님의 자녀들에게 축복을 부어 주신다.

혹 이런 질문을 하는 독자들이 있다면 조금만 참고 인내하며 기도하라고 응원해 주고 싶다. '하나님, 대체 왜 저에게 이런 시련을 주시나요? 제가 저 사람을 왜 용서해야 하나요?' 시련을 견디는 것과 원수 같은 사람을 용서하는 일은 이성과 감정을 모두 내려놓아야 가능한 일이기에 너무나 어려운 일이다.

너무도 어려운 이 숙제를 해결할 방법은 유일하다. 하나님께 온전히 맡기는 것이다. "하나님, 제 힘으로는 도저히 저 원수 같은 사람을 용서할 수 없습니다. 하나님께서 용서의 영을 불어 넣어 주셔서 제 마음에 평안을 주시고 용서하는 것에 순종하게 하여 주소서"라고 기도해야 한다.

살아가면서 다양한 상황을 직면하게 된다. 그때마다 내 생각대로 행동하고 하고 싶은 말을 다 해 버리면 하나님이 하실 일이 없어진다. 그럼 당연히 축복도 멀어질 수밖에 없다. 늘 믿음으로 하나님께 기도하고 찬송했던 믿음의 조상들을 떠올려 보면 인내하고 오래 참고 견디며 순종했을 때 축복을 받았다.

아나니아의 순종을 닮아 가는 삶을 살아가자. 아나니아의 마음이 얼마나 어려웠을까? 동료를 죽이고 가족들을 위협하던 원수 같은 사울을 용서하고 사랑해 주라고 하니 그 마음이 어땠을까? 인간적인 생각에는 그 마음에 어려움의 깊이가 너무 깊어 아무것도 할 수 없었을 것 같다.

인간적인 방법은 늘 한계가 있다. 속 시원하게 한계를 인정하자. 한계가 없으신 하나님께 온전히 해결책을 구하자. 하나님이 하시면 모든 것이 선하게 해결된다. 물질적 어려움, 관계적 어려움이 있다면 그저 하나님께 엎드려 기도하자. 기도할 때 역사하시는 하나님을 경험하게 된다.

이때 중요한 것이 아나니아의 순종이다. 무엇을 하라고 말씀하시든 하나님의 말씀대로 그대로 따르면 된다. 하나님이 말씀하시면 묻지도 따지지도 말고 그저 즉각 실천해야 한다. 그 즉각적인 실천이 축복의 통로가 된다.

가난한 자와 과부를 돌보라고 하시면 돕고, 마음이 상한 자를 위로하라고 하시면 하고, 도움이 필요한 자에게 도움을 주라고 하면 순종하라. 그 순종을 통해 당신의 그릇을 키우시고, 커진 그릇 덕분에 하나님께서 부어 주실 축복도 함께 커진다. 의심하지 말자. 하나님은 늘 우리를 축복하시려고 24시간 우리를 지켜보고 계신다. 아나니아처럼 어려운 숙제도 순종함으로 하나님의 축복의 자리에 들어가는 우리 모두가 되었으면 한다.

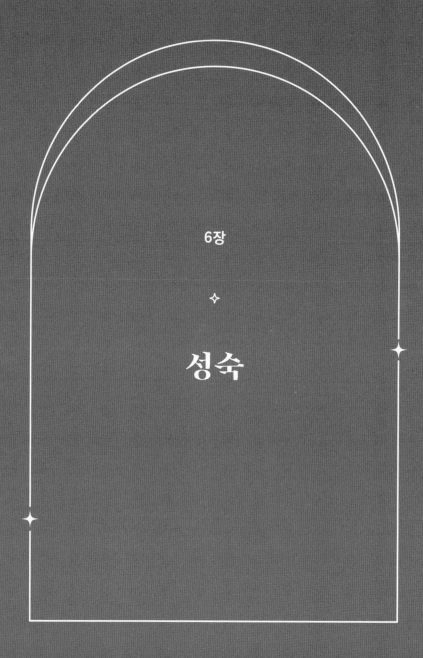

6장

◇

성숙

6-1.

성숙으로 가는 길

우리는 살아가면서 '어떻게 하면 성숙한 사람이 될까?'를 고민하는 순간순간을 맞이하며 살아간다. 정답은 어디에 있는 걸까? 하나님의 자녀 된 우리는 그 답을 잘 알고 있다. 적어도 우리가 살아가는 이 세상에는 그 방법이 없다는 것이다.

성숙은 하나님과 동행하는 것에서 나온다. 우리는 하나님과 동행하는 시간을 통해 다듬어져 간다. 뿌리 깊은 나무가 되어 간다.

뿌리가 튼튼한 나무는 잘 자란다. 깊은 뿌리 내리는 과정이 필요하다. 그 기초가 되는 것은 말씀과 기도다. 뿌리가 자리를 잡은 후에는 올바른 가지가 자라야 한다. 가지가 자라기 위해서는 뿌리의 영양분이 중요하다. 덧붙여 하나 중요한 것은 가지치기다.

모든 가지가 자라게 하면 올바르게 나무가 자랄 수 없다. 우리의 모습도 마찬가지다. 신앙생활을 하며 가지치기를 해야 한다.

매일 기도하고, 매일 말씀 읽으려면 24시간이 부족하다. 새벽 기도를 가고, QT를 하고, 말씀을 20장씩 보려면 하루가 짧다. 그럼 어떻게 해야 하나? 불필요하게 소비하는 시간을 줄이면 된다. 드라마 보는 시간을 줄이고, 술자리를 가지 않는 등 불필요한 시간 소비를 줄이는 것이다.

신앙생활에 있어 가지치기는 중요하다. 혹자는 이렇게 질문할 것이다. "그럼 무슨 재미로 사나?" 신앙생활을 제대로 해 보면 재밌다.

기도하는 시간으로 만나는 하나님과 말씀을 통해 알아 가는 예수님과 성령님에게는 이 땅의 그 무엇과도 바꿀 수 없는 기쁨과 부요 그리고 평안함이 있다.

재밌는 데 시간을 써 보면 그런 말이 안 나올 거라고 하는 사람들이 있었다. 필자도 사회생활을 한다. 불가피한 술자리에 참석해 보았으며, 쉬는 날 16편의 드라마를 한자리에서 정주행도 해 보았다.

술자리에 참석해도 술을 먹지 않는 것이 크리스천으로서 할 수 있는

최선이라 생각했다. 그러나 그렇지 않았다. 그 자리에 있으면서 술을 마시지 않아도 불가피하게 죄를 짓게 되는 것을 발견하게 되었다.

그 이후로는 술자리에 가지 않는다. 물론 사회적으로 잃어버리는 것들이 있다. 괜찮다. 하나님이 다 채워 주신다. 그 믿음을 가진 이후부터 정말 다 채워 주고 계신다.

믿음은 보지 않고 믿는 것이다. 성숙은 하나님과 보내는 시간이 길어질수록 가깝게 다가온다. 16편의 드라마를 하루 종일 재밌게 봐도 기도와 말씀에 빠져 있을 때처럼 부요하지 못하다.

드라마를 다 보고 나면 무언가 허무한 마음이 든다. 기도하고 말씀을 읽고 나면 마음에 생동감이 생긴다. 우리는 하나님의 형상대로 지음 받았기 때문이다. 우리의 삶은 성숙이 필요하다. 그 성숙을 위해 기도하는 시간을 작정하고 말씀 보는 시간을 목숨처럼 지켜 보자.

어떤 날은 정한 시간만큼 지켜서 하지만 어떤 날은 그렇지 못하다. 그럼 못 한 만큼 더 채우면 된다.

하나님은 기도하러 나오는 하나님의 백성들을 통해 일하신다. 말씀을 사모하는 주의 백성들을 들어 쓰신다. 하나님은 큰 자를 사용하시는 게 아니라, 하나님 뜻대로 살아가려 작정하고 살아가는 사람을 사용하신다.

대단해 보이는 사람들도 하나님 보시기엔 거기서 거기임을 알아야 한다. 하나님 앞에 성숙한 사람이 되기 위해 기도와 말씀을 사랑하며 살아가자. 그 속에서 만나는 하나님은 매일의 삶을 새롭게 하고 우리를 성숙으로 이끄신다.

6-2.

기준을 높여라

위대한 업적을 남기려면 위대한 꿈을 꿔야 하고, 그에 걸맞는 노력을 오랜 시간 동안 하는 과정이 필요하다. 목표를 이루기 위한 시간 동안 대부분 기준을 높인다. 높은 목표를 세운 만큼 해야 할 일들이 많기 때문이다.

요즘 운동하는 사람들 사이에 유행처럼 하고 있는 바디프로필 촬영을 예로 들면 이해가 더 빠르다. 이쁜 몸을 만들고 인생에, 기억에 남을 수 있는 사진을 남기기 위해 운동을 열심히 한다. 이때 하는 운동량은 평소와 다를 수밖에 없다.

유산소 운동과 근력 운동 모두 평소에 하던 것보다 더 높은 수준으로 하게 된다. 물론 식단 조절도 병행하게 된다. 바디프로필 촬영이라는 목표가 있기에 기준을 더 높게 설정할 수밖에 없는 것이다.

하루 4km 정도 운동을 했다면 8~10km 정도는 걷거나 달리는 시간을 가진다. 웨이트도 평소 20~30분 하던 걸 50~60분으로 늘린다. 식단도 과식하지 않는 정도의 수준으로 관리하던 것에서 닭가슴살 등 근육이 늘어나기 좋은 음식으로 바꾼다.

이런 노력들을 하는 이유가 뭔가? 바로 원하는 목표를 가장 효율적으로 달성하기 위해서다. 우리가 원하는 것을 이루기 위해서도 이렇게 노력하고 열심을 낸다. 그 과정 속에 기준은 최대한 올려서 잡는다.

우리의 신앙생활의 기준은 어떤가? 바디프로필 촬영만큼도 세우지 못하는 모습이 내 모습은 아닌지 확인해 보아야 한다. 기도는 하나님과 동행하는 삶을 살아가게 해 달라고 하면서 성령님이 우리와 함께할 수 있는 환경은 만들지 않는다.

제자반과 사역자반을 하면서 배우는 것들은 신앙생활을 어떻게 해 나가야 하는지에 대한 방향성에 대한 것들이다. 훈련 기간 동안만이 아니라 훈련이 끝나고서도 하나님과 동행해서 살아가는 방법을 배우는 것이다.

신앙생활의 기준을 높여야 한다. 하루에 어느 정도의 시간을 기도하는지, 매주 몇 회의 QT를 하는지, 일주일에 몇 회의 새벽 기도를 하는

지, 일주일에 몇 장의 성경을 읽고 있는지 확인해 보고 스스로의 기준을 세우자.

걷지도 않던 사람이 갑자기 달리면 다친다. 신앙생활도 마찬가지다. 처음부터 욕심내지 말고, 하나도 하지 않았다면 처음엔 조금씩 늘려 가면 된다. 어느 정도 습관이 되면 그 횟수를 늘려서 유지하면 된다.

신앙생활은 누가 시켜서 할 수 있는 것이 아니다. 스스로 신앙에 대한 기준을 세워야 하나님과 동행하며 살아가는 삶의 부요함을 경험할 수 있게 된다. 그러기 위해서 신앙생활을 위한 자신만의 기준을 조금 더 높게 잡을 필요가 있다.

이런 말을 하는 사람을 본 적이 있다. "그런 신앙생활은 목회자나 하는 것 아닌가?" 아니다. 하나님이 귀하게 쓰는 사람들은 높은 자신만의 신앙생활에 대한 기준을 세우고 그것을 지켜 나갔다.

우리에게도 하나님의 이끄심이 너무나도 절실히 필요하다. 성령님의 인도하심을 경험하는 삶을 살아가는 방법은 깊은 신앙으로 들어가는 것 외에는 다른 방법이 없다. 그 신앙으로 들어가게 하는 것들이 앞서 언급한 신앙생활의 여러 습관들이다.

신앙생활을 열심히 지키는 습관들을 루틴화해서 성경을 읽지 않고, 기도를 하지 않으면 이상함을 느끼는 수준으로 나아가야 한다. 그런 루틴이 내 안에 완전히 자리 잡을 때 우리는 성숙해져 가는 경험을 하게 된다.

성숙한 사람은 겸손하다

성숙한 사람을 직접 만나게 되면 10명의 9명은 대체로 겸손하다. 자신을 낮추며 늘 발전을 위한 생각을 한다. 겸손하지 않은 사람들을 만날 때 우리 마음은 불편해진다. 당신의 모습은 어떤가? 성숙한 사람에 가까운 겸손한 사람인가? 아니면 교만과 자만에 빠져 있는 사람인가?

예수님은 겸손함의 대명사이셨다. 육신을 입었지만 하나님의 아들인 상태 그대로이셨기에 얼마든지 천사들을 불러 마음껏 세상을 호령할 수 있었다. 그렇게 하지 않는 이유는 하나님의 향한 스스로를 낮추는 순종이 있었기 때문이었다. 능력을 가지고 있지만 겸손하기가 쉽지 않다. 할 수 있지만 참는 것이 어렵다.

그러나 예수님을 닮아 가는 삶은 그래야 한다. 마음껏 할 말 다 할 수 있지만 참고 인내하는 것이다. 내 능력이 이만큼 있다고 말할 수 있지만 묵묵히 기다리는 것이다. 나의 힘으로, 나의 능력으로가 아니라 하나님의 때에, 하나님의 방법으로 사용되길 바라는 마음을 가져야 한다.

겸손한 사람은 성숙한 사람이다. 분명 사회적 지위가 높고 물질도 여유가 있는데 인품마저 훌륭한 사람이 있다. 그런 사람을 만나면 더 잘되라고 응원해 주고 싶다. 겸손은 아름답다. 해가 지는 저녁노을처럼 잔잔한 여운이 남는다. 겸손으로 몸과 마음이 단련된 사람을 만나면 늘 따뜻한 마음이 전해져 온다.

반면 약간의 성공에 심취해 자신을 드러내고 뽐내기 바쁜 사람들이 있다. 그들을 만나면 마치 하루 종일 쉬지 않고 야근을 한 것처럼 피곤함을 느낀다. 잘 지켜보면 그들은 그 자리를 오래 지키지 못하고 사라진다. 무엇 때문일까? 스스로의 자만심의 무게를 견디지 못해 무너지게 되기 때문이다.

우리는 주인이 아니다. 주인이 되려 할 때 무너진다. 아담과 하와의 사건을 통해 피조물이 취해야 할 자세를 더 자세히 들여다볼 수 있다. 뱀의 유혹에 빠져 선악과를 먹은 하와, 아내의 유혹에 빠져 선악과를 먹은 아담은 하나님의 진노를 사 에덴동산에서 쫓겨난다.

아담은 평생 일해야 하는 벌을 받고, 하와는 출산의 고통을 벌로 받는다. 여기서 주목할 점은 피조물이 하지 말아야 할 행동을 하면 어떻게 되는지에 대한 것이다. 결국 주인이 되려는 마음에 선악과를 먹어서 그 좋은 에덴동산에서 쫓겨나게 되었기 때문이다.

우리가 살아가는 사회도 마찬가지다. 내가 주인이 되려 하는 마음가짐이 문제다. 교만은 주인이 되려는 마음에서 자라난다. 하나님의 피조물임을 인식해야 한다. 그때 겸손한 마음이 더 커진다. 하나님의 도우심을 간구하며 하루하루의 삶을 살아갈 때 하나님은 우리가 생각했던 것보다 훨씬 더 크게 나를 사용하신다.

성숙한 사람은 겸손한 마음가짐으로 하나님께 나아가는 사람이다. 매일 하나님께 '주여, 나의 능력으로 할 수 있는 것이 없습니다. 하나님께서 함께하여 주서서 매일의 삶을 지혜롭게 살아갈 수 있게 하여 주소서'라고 기도하며 살아가야 한다.

피조물이 본연의 모습을 가장 잘 인식하고 주인의 인도하심을 따라 살아갈 때 가장 나다운 인생을 살 수 있다. 거기에 더해 하나님의 축복이 있는 삶이 될 수 있다. 이 세상은 하나님이 만드셨다. 그 사실을 알면서도 망각할 때가 많다.

성숙한 사람은 하나님의 창조 원리를 이해하고 살아가는 사람이다. 하나님께 간구하고 응답을 얻고 다시 하나님의 뜻을 구하고 그대로 순종하며 살아가는 사람이 아름다운 사람이다. 겸손은 그 성숙으로 가게 하는 징검다리 역할을 한다.

내가 잘났다는 생각이 올라올 때마다 스스로의 위치를 재점검해야 한다. 이 땅에서 나의 모습이 아무리 멋지다고 한들 하나님 앞에서는 그저 작은 자일 뿐이다. 우리는 이 땅을 잠시 거쳐 천국으로 가야 할 사람임을 잊지 말자.

이 땅에서의 업적보다 하늘에서 만날 하나님의 상급이 더 중요함을 인식하고 살아가야 한다. 다 알고 있지만 쉽지 않다. 우리가 살아가는 삶은 현재의 인생이기 때문이다. 보이지 않는 것을 믿는 것이 믿음이다. 우리는 그 보이지 않는 것을 믿고 이 땅의 삶을 사는 사람이다.

현재의 내 눈에 보이는 것에 집중하기보다 보이지 않는 것에 집중해야 한다. 들리는 것에 집중하기보다 들리지 않는 것에 집중하며 기도해야 한다. 하나님의 음성은 들리지 않는다. 귀에 한국어로 그대로 느껴지지 않는다.

하지만 하나님은 때와 상황에 맞게 하나님의 방법으로 그의 뜻을 알려 주신다. 마음속에 환상을 보여 주시기도 하시고, 생각으로 떠오르게도 하신다. 때로는 귓가에 속삭이는 것 같은 음성으로 들릴 때도 있다. 모든 것을 실체에 대입해 말하면 답답해진다. 우리가 믿는 하나님은 실체가 있으신 분이지만 우리 눈에 보이지 않기 때문이다.

성숙으로 가기 위해 보이지 않는 하나님을 잘 믿을 수 있는 방법인 겸손을 붙들어야 한다. 겸손해질 때 하나님께 더 나아갈 수 있다. 보이지 않는 하나님을 보는 믿음을 경험할 수 있게 된다.

6-4.

높은 포지션이 아니라 영혼의 깊이에 주목해야 한다

우리의 마음 깊은 곳에서는 주목 받고자 하는 욕구가 있다. 관심을 받는 것은 좋으나 그 대상이 늘 잘못되어 있어 문제다. 하나님이 아니라 다른 사람들로부터 주목 받고자 하는 마음이 있다.

성숙한 사람은 다른 사람이 아니라 하나님께 주목한다. 하나님을 향한 마음에 집중한다. 사회적 지위가 아니라 하나님과 나의 관계가 어느 지점에 있는지 늘 체크한다. 사회생활을 하다 보면 내가 돋보이고 싶은 마음이 늘 드는 게 사실이다. 그럴 때마다 올라오는 자아에 대한 생각을 내려놓아야 한다.

성숙한 사람이 되는 방법은 영혼에 관심을 가지는 것이다. 성경 말씀을 가까이하며 묵상의 시간에 빠져드는 것이다. 21세기를 살아가는 우리는 편리한 문명과 맞닿아 있다. 그 편리성을 죄를 짓는 데 사용하지 말고 하나님을 알아 가는 데 사용하면 된다.

'드라마바이블'이라는 너무 좋은 어플이 있지 않은가? 인플루언서, 셀럽으로 불리는 유명 연예인들이 녹음에 참여하였다. 배우들의 생동감 넘치는 성경 읽기는 마치 옛날이야기를 듣는 느낌이 들게 한다.

창세기부터 시작하는 구약성경은 천지 창조와 하나님의 능력을 귓가에 속삭이는 듯한 성경이다. 예수님의 사역과 제자들의 사역을 볼 수 있는 신약성경은 하나님의 일하심을 볼 수 있는 책이다.

더 이상 사회적 지위와 나의 잘됨에 모든 포커스를 맞추며 살아가는 것은 곤란하다. 그럼 이런 질문을 하는 독자들이 꼭 있다. "그럼 열심히 살지 말라는 말인가요? 목사님도 아닌데 성경 보고 기도만 하면서 살라는 말인가요?" 글의 행간을 읽어야 한다. 주객이 전도된 화법은 곤란하다.

우리의 열심의 방향이 하나님을 향해 있어야 한다는 것이다. 사회적 지위와 물질적 풍요도 필요하다. 단, 그 지위와 물질로 무슨 일을 해야 하는 것인지를 명확히 아는 것이 중요하다. 그것들로 나를 뽐내는 데 사용하고 내가 편한 데만 쓰는 것이 아니라 선교와, 가난하고 병든 자를 돕고 주의 종들의 사역에 동역하는 데 사용해야 한다.

하나님의 일을 하는 데 포커스를 맞추면서 현재의 내 삶을 열심히 살아가야 한다. 그렇게 밸런스를 하나님 중심으로 맞추게 되면 하나님이 연약한 우리를 사용하신다. 기적은 내가 일을 잘할 때가 아니라 하나님이 나를 사용하실 때 일어나는 것임을 명심해야 한다.

영혼에 집중하는 삶은 아름답다. 하나님을 알아 가는 것에 시간과 노력을 사용하면 영혼이 깊어진다. 그렇게 하나님이 동행하는 삶을 경험하고 그대로 살아가는 사람의 모습은 한 폭의 아름다운 그림과 같이 영감이 있다.

사회적 지위와 물질적 풍요보다 더 하나님을 알아 가고 동행하는 것에 집중하자. 그렇게 삶을 살아갈 때 하나님은 우리에게 필요한 사회적 지위와 물질적 풍요를 내가 상상한 것 이상으로 부어 주신다.

내가 죽고 하나님이 드러나는 삶을 살아갈 때 하나님은 기뻐하신다. 이 땅의 삶을 하나님의 축복과 기쁨으로 가득 채우며 살아갈 수 있다. 영혼의 부요함으로 고아와 과부, 병들고 가난한 자, 세계 선교에 힘쓰는 선교사님들을 도울 수 있는 동력을 얻는다.

하나님은 나누고 베풀라고 하셨다. 인간적인 계산법으로는 내 것을 남에게 주면 내 소유물이 줄어든다. 그러나 이 세상을 만든 분은 하나님이시다. 하나님은 나누고 베풀고 선한 싸움을 살아갈 때 더 큰 축복을 받게 이 땅을 설계하셨다. 영혼이 부요해지고 싶다면 한 번 더 나누어 보라. 내 영혼의 성장을 경험할 수 있다.

6-5.

결국 답은 본질에 집중하는 것이다

본질로 돌아가라는 말을 자주 듣는다. 영어로는 'Go back to the essence'라 표현한다. 표현 그대로 본질로 돌아가라는 것이다. 본질은 무엇인가? 본질의 사전적 의미는 사물이나 현상을 성립시키는 근본적인 성질이다.

우리가 집중해야 하는 본질은 무엇일까? 아담이 죄를 짓기 전의 상태로 돌아가는 것이다. 그 사다리를 예수님이 놓아 주셨다. 구원의 복음으로 다시는 가까이 갈 수 없는 하나님께 나아갈 수 있게 되었다.

복음의 부요를 누려야 한다. 그 방법은 역시 하나님과 동행하는 삶이다. 매사에 하나님이 옆에 계실 수 있도록 본질에 집중해야 한다. 신앙생활을 그저 시간을 때우듯 하는 것이 아니라 다이어트를 하는 것처럼 열정적으로 해야 한다.

요즘 바디프로필을 찍는 게 트렌드다. 일생에 한 번 아름다운 몸매를 사진으로 남기기 위해 얼마나 오랜 시간 동안 열정을 쏟아 부어 몸을 만드는지 해 본 사람은 모두 공감할 것이다. 적어도 바디프로필을 찍기 위해 하는 다이어트만큼의 열정은 필요하지 않는가?

하루에 성경을 3장씩 읽으면 1년에 1독을 할 수 있다. 하루에 20장씩 읽으면 성경을 6독 할 수 있다. 몇 독을 했느냐의 횟수가 모든 것을 말하는 절대치는 아니다. 하지만 1년에 성경을 6독한 사람과 1독도 하지 않는 사람의 영성에는 차이가 생길 수밖에 없다.

디모데후서 3장 16절에 "모든 성경은 하나님의 감동으로 된 것으로 교훈과 책망과 바르게 함과 의로 교육하기에 유익하니"라는 말씀이 있다. 성경을 읽으면 읽을수록 교훈을 얻게 된다. 성경을 보면서 주의해야 할 점은 교만이다.

'나 일 년에 6독 하니까 나 이만큼 성숙해.' 이런 마음가짐은 곤란하다. 그저 우리는 하나님 앞에서 아주 작은 자임을 늘 자각해야 한다. 작은 모습이지만 어떻게 하나님이 원하시는 삶을 살아갈 것인지 고민해야 하고 그 속에 하나님이 동행하시면 답이 나온다는 사실을 깨달으면 된다.

매일 시간 날 때마다 드라마바이블을 틀어서 성경을 들어 보자. 운전을 할 때는 블루투스를 활용해서 음악을 듣지 말고 성경을 들어 보자. 하루의 일상이 너무 바빠서 성경을 듣지 못했다면 그날은 저녁에 잠들기 전에 성경을 듣는 것이다.

한 번 시작하기가 힘들다. 그 한 번이 두 번이 되고 세 번이 되면 습관이 된다. 습관 다음은 루틴이다. 한번 성경 읽는 것을 내 삶의 루틴으로 만들면 늘 하나님을 알아 가고 배우는 데 시간을 사용할 수 있다.

성경은 목사님들과 선교사님들만 알아야 하는 것이 아니다. 하나님을 믿는 크리스천이라면 누구나 그 본질에 집중하며 살아가야 한다. 성경에 본질에 푹 빠져 살아갈 때 하나님은 어떤 방법으로든 그 사람을 사용하신다.

기회는 준비된 자에게 다가온다는 말이 있다. 하나님이 우릴 통해 하실 일을 기대하며 늘 기회를 잡을 준비를 하며 살아가는 가장 좋은 방법은 성경에 집중하며 살아가는 것이다. 하나님의 말씀을 듣고 그대로 실천할 때 그 본질로 얻는 지혜와 축복이 있음을 알아 가게 된다.

우리가 가야 할 길은 성화의 과정이다

신자의 삶은 결국 성화로 가야 한다. 하나님의 은혜로 죄 많은 우리는 부르심을 받았다. 하나님의 사랑으로 예수님의 구원을 입었다. 깨진 관계는 예수님으로 인해 완전한 관계로 회복되었다.

우리의 삶은 어떠해야 할까? 예수님을 닮아 가기 위한 삶이 되어야한다. 예수님을 따라가는 삶은 어렵다. 예수님을 따라다니며 함께 생활했던 제자들조차 예수님이 기도할 때 잠드는 모습을 보일 만큼 연약했다.

대단한 일들을 이루어 낸 제자들도 그랬는데 연약한 우리는 얼마나더 할까? 그럼 연약하니까 잠들어 있어도 되는 것일까? 아니다. 제자들이 결국 승리했던 것처럼 우리도 그렇게 성장해가야 한다.

그 삶이 성화의 과정이다. 고난과 고통을 버티고 견디며 성숙해져 가야 한다. 그 성숙의 과정에 성화의 삶이 있어야 한다. 아름답게 빚어져 가야 한다. 그 깊이를 알아 가기 위해 늘 하나님을 가까이하는 삶을 살아가야 한다.

성경 말씀 읽기와, 묵상, 기도의 시간을 쌓고 예배의 자리를 사모해야 한다. 신앙은 조금씩 자라 가야 한다. 급하게 먹는 음식이 체하듯 너무 빠른 템포를 유지하면 지칠 수 있다. 천천히 조금씩 먹어야 건강하다.

마찬가지로 신앙생활도 천천히 조금씩 지속적으로 해야 한다. 매일 일정 시간의 기도와 일정 분량의 성경을 읽으며 성숙함을 쌓아 가면 그 시간 속에서 성숙하게 하시는 하나님을 만날 수 있다.

인간은 완전하지 못하다. 그래서 능동태보다 수동태의 삶을 살아가야 한다. 나의 뜻에 포커스를 맞춘 삶이 아니라 하나님의 뜻에 포커스를 맞춘 인생이 될 때 멋있어진다.

누구나 "저 사람 참 멋있다"라는 말을 듣고 싶을 것이다. 그런 말을 듣는 신앙의 선배들을 보면 한결같이 하나님의 인도하심을 받는 삶이다. 그분의 뜻이 무엇인지 늘 생각하고 고민한다.

그 시간을 기도로 채우며 하나님의 뜻을 듣는다. 잘 듣고 순종한다. 하나님의 뜻대로 순종하는 것은 때론 어려운 결단이 필요한 일이다. 그 결단조차 순종하며 나아갈 때 하나님의 역사하심을 경험하며 은혜가 충만한 삶을 살 수 있다.

아브라함에게 이삭은 모든 것 그 이상이었다. 이삭을 바치라는 하나님의 명령에 곧장 순종으로 화답하는 아브라함을 보며 믿음의 깊이를 볼 수 있다. 나에게 가장 소중한 것을 주저 없이 내어 드리며 하나님은 반드시 기적을 이루실 것이라는 믿음을 가지는 신앙으로 자라 가야 한다.

성화의 과정은 어렵다. 때로는 하고 싶은 말을 참아야 하고, 듣기 싫은 말을 들어도 인내해야 한다. 그 시간들을 견디며 아름답게 익어 갈 때 열매 맺는 신앙으로 자라 갈 수 있다. 성숙한 삶을 사모하며 살아갈 때 하나님이 우리와 함께하시며 그 은혜 속에 부요함을 경험하는 삶을 살아갈 수 있게 된다는 것을 경험하게 된다.

6-7.

성숙은 사랑이다

고린도전서 13장 4절에 보면 "사랑은 오래 참고 사랑은 온유하며 시기하지 아니하며 사랑은 자랑하지 아니하며 교만하지 아니하며"라는 구절이 나온다.

성숙은 사랑이다. 하나님은 네 이웃을 네 몸과 같이 사랑하라고 말씀하셨다. 결국 하나님은 사랑을 아는 자로 자라 가길 원하신다. 우리의 삶이 그리스도의 장성한 분량까지 자라 가기를 바라시는 것이다.

사랑하기가 어렵다. 오래 참기가 쉽지 않다. 누군가 나를 화나게 하면 인내하는 마음을 갖고 견디기가 쉽지 않다. 사회생활을 하다 보면 '어떻게 저렇게 하고 싶은 말을 다하지?'라는 생각이 들게 하는 사람을 만나게 된다.

이들을 바라볼 때 이 성경 구절을 기억하고 적용해야 한다. 사랑은 오래 참는 것이다. 하고 싶은 말을 다 할 수밖에 없는 저 사람을 불쌍히 여겨 달라고 기도해야 한다. 그 사람으로 인해 시험에 들지 않게 해 달라고 기도해야 한다. 나아가 오래 참고 인내함으로 그 사람을 변화시키는 데 역할을 할 수 있는 사람으로 세워 달라고 기도해야 한다.

예수님은 우리의 삶이 그분을 닮는 삶이 되어 가기를 원하신다. 그 내용 속에 성숙이 있고 그 성장하는 과정 속에 반드시 다량으로 함유되어야 할 것이 사랑이다. 과일의 질을 결정하는 것 중 가장 큰 요소가 당도다. 당도가 낮은 과일은 버려진다.

우리의 삶 속에 사랑이 없다면 당도 없는 과일과 같은 상태인 것이다. 당도를 채우려면 어떻게 해야 할까? 사랑해야 한다. 이 사랑도 내 힘으로 되지 않는다. 그래서 하나님께 사랑할 수 있는 힘을 달라고 기도해야 한다.

좋은 아버지가 되는 것이 참 어려운 일임을 자녀를 양육하며 알게 된다. 조금 더 참고 기다려 주면 되는데 그게 잘 안 될 때가 있다. 자녀보다 부모의 마음밭의 문제인 경우가 많다. 사회생활을 하며 받은 스트레스를 자녀에게 흘려보내는 실수를 할 때가 있다.

그럴 때는 잠잠히 하나님께 나의 부족함을 들고 나아가야 한다. 내 힘으로 사랑하려 하면 어려워진다. 하나님의 능력으로 사랑을 덧입으면 가능해진다. 하나님의 임재를 늘 간구해야 한다.

자녀 사랑하기에 더 힘쓰게 해 달라고 기도하면서 자녀 사랑을 실천하는 노력을 더하면 더 좋은 부모로 빚어져 갈 수 있다. 좋은 아버지 되신 하나님의 사랑을 배워 자녀에게 흘려보낼 수 있게 된다.

그런 부모가 될 수 있게 해 달라고 하나님께 기도하며 나아가야 한다. 늘 사랑이 흘러넘치는 부모가 되겠다는 마음을 품으며 기도하면 하나님의 사랑이 흘러가는 축복을 경험하게 된다.

사랑은 온유하다. 온유한 사람을 보면 흐뭇한 미소가 지어진다. 하나님의 사랑으로 채워진 사람은 여유가 넘친다. 그 사람을 만나고 오면 행복해진다. 어떤 사람이 될지 고민이 된다면 사랑이 가득해 온유한 사람이 되어 보자. 그것이 하나님의 사랑을 흘려보내는 삶이다.

사랑은 시기하지 않는다. 우리는 너무 다른 사람과 나를 비교하며 살아간다. 도대체 어디에 기준을 두는 것인가? 왜 그래야만 하는가? 하나님의 기준에 모든 것을 집중하자. 그 순간 모든 것이 심플해진다. 물론 쉽지 않다. 그래서 늘 하나님을 가까이 하는 삶을 실천하며 살아가야 하는 것이다.

사랑은 자랑하지 않는다. 필자도 공감되는 부분이다. 처음 사회생활을 시작하고 조금씩 일들이 풀려 갈 때 어리고 연약한 마음에 자랑을 하고 다녔다. 시간이 지나면서 그 자랑하는 모습이 얼마나 어리석은 것인지 알 수 있었다. 이 세상에 자랑할 것은 오직 예수님뿐이다. 우리가 가진 모든 것은 하나님 것인데 잠시 빌려 쓰는 것을 내 것이다. 내 소유가 내 것이라는 잘못된 생각에서 오는 것이 자랑이다. 자랑하고 싶은 마음이 생긴다면 내가 가진 모든 것이 하나님 것임을 기억해야 한다.

사랑은 교만하지 않는다. '내가 이런 사람이야'라고 말하는 사람들을 본 적이 있을 것이다. 그 사람이 아무리 잘난 사람이라도 멋있게 보이지 않는다. 교만한 사람은 스스로 무너지게 된다. 그 교만함으로 쌓은 벽돌의 무게를 견디지 못하고 스스로 넘어지게 된다.

롱런하는 인플루언서나 연예인들을 보면 하나같이 겸손하다. 그들은 충분히 한 분야에서 괄목할 만한 성과를 이루었음에도 불구하고 여전히 노력하고 있다.

최소한 크리스천이라 말하는 우리들은 더 그래야 하지 않을까? 예수님의 모습을 닮아 가는 인생이 되고 싶다 말하면서 교만하면 앞뒤가 맞지 않으니 말이다.

우리의 삶이 성숙으로 가득 찬 삶이 되길 간절히 소망해 본다. 그 속에 사랑이 있고, 그 속에 예수님이 보이는 그런 아름다운 인생으로 함께 빚어져 가길 기도한다.

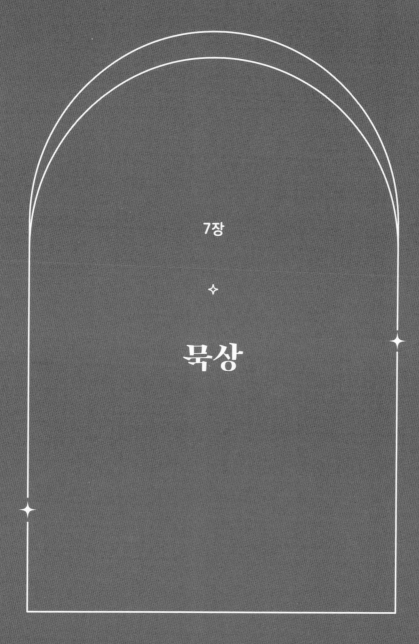

7장

묵상

말씀으로 걸어가는 삶

여호와께서 말씀하신 대로 사라를 돌보셨고 여호와께서 말
씀하신 대로 사라에게 행하셨으므로 사라가 임신하고 하나
님이 말씀하신 시기가 되어 노년의 아브라함에게 아들을 낳
으니[6]

우리는 살아가면서 '상식적으로'라는 단어를 자주 사용한다. 하나님
을 믿고 그 주권을 전적으로 인정하면서도 나의 생각과 주관이 자주 들
어가는 것이다. 아브라함의 아내 사라의 임신 사건과 출산은 큰 충격
을 준다.

정상적인 범주라면 임신이 불가능하다. 임신은 여성이 월경을 할 때

---

6) 창세기 21장 1~2절

가능한데 사라는 이미 폐경이 된 지 오래되었으므로 하나님의 말씀을 믿기 어려운 상황이라 볼 수 있다. 인간적인 객관성과 실증의 작업이 아무런 의미가 없음을 잘 알 수 있는 내용이다.

결국 하나님은 폐경 상태의 사라에게 임신을 시켜 주셨고 아들을 낳도록 해 주셨다. 하나님은 약속을 반드시 지키시는 분이시다. 간절히 간구할 것은 기도로 구하며 나아가야 한다. 하나님의 말씀을 듣고 믿으면 기적이 일어난다.

일상에서 불가능하다고 생각하는 일들이 기적같이 해결된다. 하나님이 우리가 살아가는 세상의 주인이시기에 얼마든지 가능한 것이다. 우리의 생각에는 불가능해 보이는 것들이 하나님 입장에서 보면 너무도 간단한 일들일 수 있다.

불가능이 없으신 하나님께서 말씀하시면 듣고 걸어가면 된다. 가끔 "네? 하나님 제가요?"라는 질문을 하게 하는 일들을 하라고 말씀하실 때가 있다. 그럴 때면 그저 순종하면 되는 것이다.

우리는 너무 묻고 너무 따진다. 절대적인 하나님의 말씀 앞에 순종하면 되는데 또다시 생각해 본다. '이게 맞나? 저게 맞나? 하면 힘들 것 같은데? 순종하면 손해 볼 것 같은데' 등 별별 불필요한 미사여구를 붙인다.

시간을 끌면 끌수록 힘들어지는 건 우리다. 하나님이 말씀하시면 바로 순종하면 되는데 그게 잘 안 되는 게 인간이다. 앞으로 가라고 말씀하실 때 앞으로 가면 되는데 꼭 옆으로 간다. 우리에겐 그런 삐뚤어진 모습이 있다.

앞으로 가라고 하실 때 앞으로 가는 믿음을 가지자. 비록 그 말씀이 '사라처럼 가능할까?'라는 고민과 '꼭 내가 해야 할까?'라는 생각이 드는 점이 있더라도 순종해 보자. 살아 역사하시는 하나님을 경험하게 된다.

인간적인 고민으로 그토록 힘을 써도 열리지 않던 새로운 사업의 기회가 열린다. 나에게 꼭 필요한 사람들을 만날 수 있는 만남의 길도 열어 주신다. 단, 이 기적 같은 대로가 열리기 전에 필요한 것은 순종이다.

하나님의 말씀을 의심 없이 받아들이고 순종하는 행동이 필요하다. 말씀을 듣고 그대로 걸어가는 삶이 쉽지 않다. 우리 머리에 너무 많은 불순종의 영이 있어서다. 그것들을 내려놓고 걸어가야 한다. 그 삶 속에 하나님의 축복이 함께한다.

묵상 시간의 중요성

묵상의 중요성을 가장 크게 느끼게 되는 것이 일상생활 속에서 어려움을 만나게 될 때다. 늘 하나님의 말씀으로 무장되어 있을 때는 어려움이 와도 큰 마음의 파도가 일지 않는다. 그저 잔잔한 강물이 흘러가듯 작은 에피소드로 남을 뿐이다.

말씀이 마음의 내면을 덮고 있지 못할 때 만나는 문제는 너무 크게 느껴진다. 은혜 충만한 상태에서 보면 별일 아닌데 말씀으로 채워지지 못하면 해결 못 할 큰일이 되어 버린다. 다윗의 삶을 봐도 그렇다.

하나님께 의지하고 있을 때는 사울이 목숨을 위협하는 상황에서도 담대하다. 그런데 왕좌에 오르고 자아가 드러날 때 밧세바를 범하는 실수를 하고 만다. 우리 삶도 같은 원리다. 늘 하나님의 말씀 안에 들어가 살 때는 모든 문제가 형통하게 해결된다.

나의 반석이시요 나의 구속자이신 여호와여 내 입의 말과
마음의 묵상이 주님 앞에 열납되기를 원하나이다.[7]

자주 부르던 찬양 가사와 맞닿는 시편이다. "내 입술의 말과 마음의
묵상이 주께 열납되기 원합니다." 늘 하나님의 말씀을 묵상할 때 하나
님과 더 가까워진다. 하나님과 동행하는 삶은 은혜 그 자체다.

늘 은혜 속에 살아가면 모든 것이 감사의 제목이 된다. 감기가 걸려
도 폐렴으로 더 커지지 않았음에 감사하게 되고 넘어져서 무릎이 까져
도 뼈가 부서지지 않았음에 감사하게 된다. 은혜가 식으면 모든 일에
불평, 불만이 들어가게 된다.

직원과 고객이 마음에 어려움을 주는 일이 생기고, 갑자기 자동차 접
촉사고가 나기도 한다. 이상하게 은혜가 없으면 이런 일들이 더 크게 느
껴진다. 가만 살펴보면 일상 속에 늘 크고 작은 문제들이 존재한다. 그
런데 유독 말씀을 듣고 보며 은혜 충만하지 못할 때 더 문제가 커진다.

말씀으로 채워지면 동일한 사람의 어려움과 문제들도 그저 웃고 넘
어갈 일이 된다. 바로 하나님이 주시는 능력 안에서 문제들이 해결되

---

7) 시편 19장 14절

는 것을 경험하게 되기 때문이다. 상황과 문제를 바라보면 답이 없다. 그것을 해결하시는 하나님을 바라보면 정답을 찾을 수 있다.

말씀 묵상하는 시간을 늘려야 한다. QT로 깊게 하나님을 알아 가는 시간도 필요하고, 매일 일정 시간 이상 성경을 듣고 읽는 시간이 필요하다. 시간이 없는가? 그러면 우선순위를 다시 정리해 볼 필요가 있다.

내 삶에 가장 중요한 것이 말씀 묵상이 되어야 한다. 그것이 우선이 될 때 하나님이 부어 주시는 은혜 속에 살아가는 삶이 가능하다. 세상적인 것들을 몇 가지 포기하면 된다. 술을 먹어야만 할 수 있는 계약이 있다면 과감히 내려놓고 포기해 버리면 된다. 그럼 하나님이 그 계약보다 더 좋은 것들로 우리에게 부어 주신다.

믿음은 체험으로 얻어지는 것이 아니다. 보지 않고 믿는 것이다. 은혜가 가득 차면 모든 것이 해결된다. 성경 읽을 시간이 없다면 가지치기를 해야 한다. 하나님과 가까이하는 것보다 더 소중한 것들이 있다면 과감히 정리해야 한다. 무엇이든 우상이 될 수 있다. 그 우상이 때론 자녀가 될 수도 있고 부와 명예가 될 수도 있다.

자녀를 지혜롭게 양육하는 일도 부와 명예를 갖추는 것도 하나님의 영광을 드러내기 위한 것임을 마음속에 새겨야 한다. 시간 가지치기를 하면 얻는 것이 어마어마하다. 하나님의 말씀을 들여다보면 놀라운 비밀들을 알게 된다.

그래도 성경을 묵상할 시간이 부족하다면 운전하면서 성경 말씀을 들으면 된다. 믿음의 시작은 들음에서 난다고 했다. 그 듣는 첫걸음을 늘 말씀과 함께하면 하나님이 내 인생을 주장하는 삶을 살게 되는 것이다.

가장 기쁜 삶은 돈이 많고 명예가 드높은 인생이 아니다. 하나님의 말씀으로 온몸에 범벅이 되어서 툭 치면 말씀이 나오고, 툭 치면 성령님이 역사하시는 걸 경험하는 삶이다. 매일 감당할 수 있는 시간보다 조금 더 말씀에 집중하는 삶을 살아 보자. 그 속에 역사하시는 기적의 하나님을 만날 수 있다.

7-3.

말씀을 듣는 자리에 나아가야 한다

쉬운 클릭 한 번으로 말씀을 들을 수 있는 사회에서 살아가고 있다. 유튜브라는 혁신적인 플랫폼은 우리의 삶의 패턴을 변화시켰다. 소화하기 힘들 만큼 엄청난 양이 정보가 쏟아진다. 정보를 찾기가 힘든 시대에서 정보를 분별해야 하는 시대로 넘어가고 있는 것이다.

정보의 바다를 헤엄치며 살아가야 하는 이 시대의 사명자인 우리들은 말씀을 제대로 분별해 듣고 실천하는 인생이 되어야 한다. 그러면 어떻게 해야 할까? 유튜브를 통해 공부하는 것도 좋은 방법이나 필자가 생각하는 것은 본질적인 것에 집중하자는 것이다.

출석하는 교회의 공예배 시간을 지키고 새벽 기도와 말씀 묵상 시간을 사모해야 한다. 유튜브로 듣는 좋은 말씀들은 +α의 영역으로 두어야 한다. 요즘 가나안 교회가 이슈다. 개인이 교회라는 교회론에서 비

롯된 잘못된 발상이다.

출석 교회 없이 유튜브로 예배를 드리면 그만이라는 것이다. 이런 태도는 아주 위험하다. 신앙생활을 인스턴트 음식처럼 소화하게 된다. 영적인 것은 그 속에 깊이와 넓이가 있어 한참을 들여다봐도 더 깊이 들어갈 곳이 있다. 그런데 유튜브는 가볍다. 빠르다. 심지어 속도도 2 배로 올릴 수 있다.

집중해서 듣기보다 산만해지기 쉽다. 정자세로 바르게 예배를 드리기보다 자세가 흐트러지거나 누워서 드릴 수 있다. 예배는 하나님께 드리는 것이다 말씀 그 자체에 집중해 정중동으로 나아가야 한다.

새치기하거나 비껴가듯이 신앙생활을 하면 올바른 하나님의 세미한 음성을 따라 살아가기 힘들어진다. 말씀을 듣고 그대로 행하며 살아가는 삶의 가장 중요한 것은 말씀을 대하는 자세다. 늘 정직하게 말씀 앞에 서야 한다. 그 중심에 예배가 있고 공교회와 함께 협력하는 일이 있다.

분명 개인적으로 묵상하는 예배의 시간으로 만나는 하나님과 말씀도 필요하다. 그러나 교회에서 드리는 수요예배, 금요철야, 주일예배 등의 공예배는 특별하게 임재하시는 하나님이 있다. 그 영은 현장에서 올바른 자세로 예배에 참여할 때 더 커진다.

공부를 할 때도 빠른 스텝으로 가기 위해 더하기, 빼기를 배우지 않고 곱하기, 나누기부터 배우면 가장 쉬운 더하기, 빼기가 나온 문제 때문에 모든 문제를 풀기 어려워진다. 어쩌면 더하기, 빼기를 연습하는 것이 가장 어려운 일일지 모른다.

어린 시절부터 당연하게 여겨 왔던, 공예배 시간 지키는 것이 우리에게 어려운 일로 바뀌고 있다. 사회생활을 하는 어른 세대는 바쁘다는 이유로 유튜브로 넘어간다. 부모의 모습에 영향을 받은 자녀 세대들은 "교회에 꼭 가야 하나?"라는 질문을 던질 정도로 심각해진다.

자녀의 거울은 부모다. 부모의 신앙이 곧 자녀의 신앙생활로 이어지는 것이다. 말씀을 듣고 어떻게 실천해야 할지에 대해 고민한다면 가장 먼저 기초적인 것들을 지켜 가자. 한번 해 보면 그 베이직을 세우는 일이 가장 어려운 것임을 절감하게 된다.

수요예배, 금요철야, 주일예배만 제대로 드리는 것도 막상 한 번도 빠지지 않고 지켜 나가려면 쉽지 않다. 그렇다. 안 되는 것이 아니다. 쉽지 않은 것이다. 그럼 어떻게 하면 되나? 쉽지 않게 만드는 요소를 제거하면 된다.

저녁 모임 자리를 만들지 않는 것이다. 수요일과 금요일, 주일은 그냥 시간을 비우는 것이다. 그 시간은 하나님을 만나 말씀을 듣는 시간으로 만들면 된다. 내려놓음을 시작하면 그 속에 임하시는 하나님을 경험하게 된다.

나아가 새벽 시간을 사수해야 한다. 매일 새벽 만나는 하나님은 특별하다. 일상을 조금 덜어 내면 심플해진다. 하나님과 매일 아침을 함께 시작하는 기쁨은 색다른 영적 세계로 진입하게 한다.

'그럼에도 불구하고'라는 찬양이 있다.

> 마음속에 어려움이 있을 때 마음속에 어려움이 있을 때 마음속에 어려움이 있을 때 주님 내게 먼저 오사 내 맘을 만지고 주님 앞에 나아올 수 없을 때 주님 앞에 나아올 수 없을 때 주님 앞에 나아올 수 없을 때 주님 날 먼저 안으시네. 그럼에도 불구하고 날 사랑하시는 내 하나님의 사랑은 나의 모든 걸 덮고 그럼에도 불구하고 날 안아 주시는 내 하나님을 부를 때 아버지라 부르죠.

가사를 들여다보면 주님은 어려움이 있을 때 내 마음을 만져 주시고 늘 사랑으로 우리를 지켜보고 계신다는 것을 알 수 있다. 어려움이 있더라도 주님 앞에 나아가기 힘든 마음이 있을 때는 더욱더 하나님 앞에 나아가야 한다.

매일 예배의 자리에 나아가야 한다. 나의 생각과 상관없이 나의 상태에 별개로 하나님은 열심히 일하고 계신다. 앞이 보이지 않고 안개 같은 상황이 연출되더라도 하나님은 안개 너머에서 나를 기다리고 계신다.

예배를 사모하는 영을 부어 달라고 기도해야 한다. 간절한 마음으로 나아가 드리는 예배와, 단순히 시간이 되었고 날짜가 되어서 드리는 예배는 하늘과 땅만큼 큰 차이가 있다.

중·고등부 시절 교회에서 드리던 수련회에서 큰 은혜를 받은 경험들이 있을 것이다. 그 이유가 무엇인가? 젊고 어렸기 때문일까? 아니다. 그 수련회를 가기 전에 간절한 기도 제목들을 들고 하나님께 응답받으리라 다짐하면서 수련회 예배의 자리에 나아갔기 때문이다.

이때의 열심과 열정을 회복해야 한다. 매번 드리는 공예배에 나아갈 때 남다른 마음가짐으로 예배를 드려야 한다. 그때 말씀으로 다가오는 하나님은 우리의 삶을 변화시키신다.

7-4.

말씀에 즉각 순종하고 기도하자

예배를 드리며 말씀을 듣다 보면 순종에 대한 미션을 받게 될 때가 있다. 순종의 사전적 의미는 순순히 따른다는 뜻이다. 순종은 말 그대로 가타부타 의견을 제시하지 않고 그냥 있는 그대로 시키는 대로 하는 것을 말한다.

우리의 삶 속에 얼마나 순종이 들어 있나? 하나님이 무언가 하라고 하시면 늘 다시 묻는다. "하나님, 제가요?", "하나님, 이거 꼭 해야 되나요?", "하나님, 이거 다른 사람이 하면 안 되나요?", "너무 바쁜데 바쁜 일 끝나고 다음에 하면 안 될까요?" 기타 등등 다양한 이유가 존재한다.

부끄럽지만 필자도 같다. 바쁘다는 핑계로 늘 단기 선교를 미뤄 왔다. 드디어 하나님의 부르심에 응답하여 처음 단기 선교를 나간다. 순종은 핑계 대지 않는 것이다. 이번 인도 단기 선교를 준비하면서 기도 시간을 늘려 가고 있다.

하나님은 순종함에 있어 무엇보다 중요한 것이 기도임을 깨닫게 하셨다. 기도로 준비해야 한다. 순종해야 할 일이 있다면 기도의 시간을 두 배로 늘려야 한다. 세 배가 되면 더 좋다. 기도의 시간을 정확하게 계산해 보면 하루 24시간 중에 너무 작은 시간을 사용하고 있음을 알게 된다.

'범사에 감사하라. 쉬지 말고 기도하라'고 말씀하신 하나님의 말씀을 순종하면 경험해 보지 못한 축복이 기다리고 있다. 바로 하나님과 동행하는 삶을 살게 되는 것을 알게 되는 것이다. 일상 속에 발생하는 크고 작은 문제를 하나님께 질문하면 그 답을 쉽게 찾을 수 있다.

어느 단체나 모임이든 내 생각과 다른 사람, 튀는 사람이 있다. 그들과 부딪히고 내 생각을 다 말하기보다 참고 인내하며 하나님께 기도해야 한다. "하나님, 저 사람이 있어서 제 마음이 너무 힘듭니다. 저에게 오래 참음의 영을 부어 주시고 나아가 저분을 사랑할 수 있는 마음을 부어 주소서"라고 고백해야 한다.

순종은 내 생각을 내려놓는 일이다. 하나님의 말씀을 묵상하다 보면 내 생각대로 하고 싶은 순종의 제목들이 있다. 다시 한번 강조하고 싶다. 내 생각대로 하는 것은 순종이 아니라 나의 의를 드러내는 것이다.

내 생각을 내려놓아야 한다. 내 자아가 아니라 하나님의 영이 주신 생각대로 살아가야 한다.

말씀 묵상이 중요한 이유는 하나님이 주신 생각을 알 수 있는 통로이기 때문이다. 하나님께서 내 힘으로 할 수 없는 일들을 주신다는 생각이 든다면 주저 없이 기도의 시간으로 하나님께 의지해야 한다.

"하나님 제 힘으로는 이것들을 감당할 수 없습니다. 하나님의 영으로 역사하여 주셔서 이 일들을 지혜롭게 진행하게 하여 주소서"라고 기도하며 나아가야 한다. 하나님은 늘 일을 할 때 동역자를 붙여 주신다. 말을 하지 못한다는[8] 모세에게 하나님은 동역자 아론을 붙여 주셨다.

이처럼 우리의 순종에도 혼자 하기 벅찬 일들이 있다면 하나님은 반드시 동역자들을 붙여 주신다. 함께 기도하고 함께 중보하며 그 일들을 감당하게 하신다.

우리 삶 속에 행하라는 마음을 주시는 하나님의 말씀이 있다면 즉각적인 순종하는 믿음을 가진 자로 빚어져 가야 한다. 하나님은 토기장이고, 나는 진흙이다. 진흙은 토기장이의 손길을 받지 않으면 그저 흙

---

8) 출애굽기 4장 14절

일 뿐이다. 장인의 손길이 닿으면 다양한 쓸모 있는 그릇과 컵 등의 작품이 된다.

우리는 하나님의 걸작품임을 잊지 말자. 너무 스스로를 괴롭혀 못난 사람으로 생각할 필요도 없다. 반대로 너무 거만해져서 잘난 사람이라고 교만해서도 안 된다. 그저 하나님의 음성을 세밀하게 귀 기울이고 말씀하시는 것을 지켜 행하는 순종의 삶을 살아가면 된다.

그것이 말처럼 쉽지 않다. 그래서 늘 하나님을 바라보고 그 의도하심대로 살아가려고 애를 쓰고 부단히 노력해야 하는 것이다. 학교를 다닐 때는 선생님의 말씀을 눈여겨보게 된다. 그 가르침을 통해 배우고 내가 성장하는 것을 알기 때문이다.

사회생활을 할 때는 직장 선배나 사장님의 말을 귀 기울여 듣는다. 상하 관계에 있기 때문에 그렇기도 하지만 인생 선배들에게 배울 점들이 있어서 더 집중해서 듣고 그대로 실천해 보려 하는 것이다.

사람의 말도 이렇게 배움을 위해 집중하는데 하나님의 말씀은 말해 무엇 하겠는가? 하나님의 음성에 귀 기울이기 위해 말씀을 보는 일에, 말씀을 듣는 것에 시간을 쌓으면 분명 하나님의 그 크신 사랑을 경험하는 인생이 된다.

하나님의 사랑은 크고 놀랍다. 그 크고 놀라움을 가장 절절히 느낄 수 있는 것은 하나님의 말씀에 순종할 때다. 순종하기 전에 늘 이유가 있고 어려움들이 발생한다. 순종하지 않아도 되는 상황까지 준비된다. 그 환경과 상황을 극복하는 것이 믿음이다.

성도의 삶이 아름다운 이유는 순종의 열매가 맺는 걸 보고 경험할 수 있어서다. 누구에게나 한 번 주어지는 삶이라면 조금 더 멋있고 아름다운 사람이 되는 것이 좋지 않은가? 저 사람은 저 정도면 참 괜찮은데 늘 겸손하다는 생각이 드는 사람이 있다. 우리가 그런 사람이 되어 가야 한다.

상당 부분 부족하지만 그 연약함을 채워 주시는 분이 하나님이시다. 하고 싶은 말을 다 하고 싶고 참을성이 부족한 우리지만 하고 싶은 말을 참고 인내할 수 있는 사람으로 변화시켜 주는 분이 하나님이시다.

아름다운 열매는 하나님의 말씀에 순종하는 것에서 나온다. 잘 알고 있지만 하나님이 순종의 숙제를 주시면 또 풀기 싫어지는 우리의 마음이 늘 있다. 그때 "하나님, 순종할 수 있는 마음을 허락하여 주소서"라고 기도해야 한다. 그 기도가 쌓여서 하나님의 말씀에 즉각 순종하는 믿음으로 자라 가게 되는 것이다.

7-5.

말씀 읽는 것에 시간을 사용해야 한다

앞서 언급했지만 우리의 삶 속에 생각보다 말씀 보는 시간과 기도하는 시간이 적음을 알 수 있다. '어떤 삶을 살아야 할까?'를 고민하기보다 말씀을 읽고 기도하는 시간을 먼저 늘려야 한다.

말씀을 읽다가 좋은 구절이 나오면 묵상하면 더 좋다. 성경에 나오는 묵상에 대한 좋은 말씀들이 여러 곳에 퍼져 있다.

> 이 율법책을 네 입에서 떠나지 말게 하며 주야로 그것을 묵
> 상하여 그 안에 기록된 대로 다 지켜 행하라. 그리하면 네 길
> 이 평탄하게 될 것이며 네가 형통하리라.[9]

---

9) 여호수아 1장 8절

말씀을 묵상하고 그 속의 내용을 지키면 모든 길이 평탄하게 된다. 그 속의 형통함을 보게 된다. 우리의 일상은 늘 두려움과 떨림 속에 있다. 무엇을 하든 불안하고 답답한 상황들이 벌어진다. 그 안에 자유함을 얻는 방법은 말씀에 푹 빠져 사는 것이다.

말씀을 묵상하고 그대로 준행하면 삶에 큰 무게로 다가온 것들이 너무 가볍게 변하는 역사를 경험하게 된다. 막막하기만 하던 문제들의 해결책이 떠오르며 형통함을 경험하게 된다.

> 정오에 이르러는 엘리야가 그들을 조롱하여 이르되 큰 소리
> 로 부르라. 그는 신인즉 묵상하고 있는지 혹은 그가 잠깐 나
> 갔는지 혹은 그가 길을 향하는지 혹은 그가 잠이 들어서 깨
> 워야 할 것인지 하매[10]

우리가 잘 알고 있는 엘리야의 본문이다. 엘리야는 하나님의 말씀을 묵상했기에 담대할 수 있었다. 우리의 삶도 엘리야와 맞닿아 있다. 말씀을 얼마나 묵상하면서 하나님을 깊게 묵상하게 되면 엘리야와 같은 기적을 경험하게 된다.

---

10)   열왕기상 18장 27절

기적은 멀리 있지 않다. 하나님을 가슴 깊이 묵상하며 그 말씀을 따라 살아갈 때 기적을 경험하게 된다. 기적은 우리의 상식을 벗어난다. 기적의 사전적 의미는 상식적으로 생각할 수 없는 기이한 일을 뜻한다. 하나님은 시·공간을 초월한 분이시다. 한계를 설정하고 한계에 제한되는 우리와 달리 한계가 없으신 분이시다.

그분을 묵상하면 지경이 넓어지고 깊어지는 경험을 할 수 있다. 속사람이 강건해진다. 속사람이 자랄 수 있는 제일 빠른 지름길이 말씀을 묵상하는 것이다. 우리는 한 목적지를 찾아갈 때 내비게이션으로 여러 가지 경로를 찾아본다. 어디가 가장 빠르게 갈 수 있는 길인지 알기 위해서다.

이 땅의 한 장소를 찾기 위해서도 여러 가지 경로를 찾는데 영적 성장을 위해서 고민해야 할 이유는 말해 무엇 할까? 속사람이 강건해져야 함은 누구나 잘 아는 부분이다. 그런데 어떻게 이 속사람을 자라게 할지에 대해서는 깊이 고민하지 않는 게 사실이다.

여러 가지 방법이 있지만 가장 현명한 방법은 역시 말씀 묵상임을 기억해야 한다. 말씀은 하나님의 감동으로 쓰인 성경은 우리가 만나는 그 어떤 책보다 강력한 메시지를 담고 있음을 알아야 한다. 그 성경을 보는 것에 시간을 더 들이는 것은 속사람 성장에 가장 좋은 영양분이 된다.

오직 여호아의 율법을 즐거워하여 그의 율법을 주야로 묵상
하는도다.[11]

하나님의 말씀을 가장 절절히 묵상한 사람이 다윗이다. 다윗은 여호
와를 늘 즐거워했다. 여호와의 말씀을 따라 살았다. 사울에게 목숨의
위협을 당할 때 충분히 사울의 목숨을 거두어 갈 수 있었다. 그렇게 하
지 않았다. 하나님께서 원하시는 방법이 아니기에 묵묵히 기다렸다.

때를 기다리는 것은 어려운 일이다. 특히 하나님의 때를 기다리는 것
은 더 어렵다. 인간이 정할 수 있는 타임 테이블에서 벗어난 절대적인
하나님의 주권에 순종하는 것이 선행되어야 가능한 일이기 때문이다.

다윗은 그 모든 것에 대한 주권을 하나님께 올려 드렸다. 절대적인 순
종으로 믿음을 보여 주었다. 순종으로 나아갈 때 사울의 위협에서도 벗
어나게 해 주셨고 모든 것을 회복시키시는 하나님을 경험하게 하셨다.

두려운 상황 속에 있는가? 한 치 앞이 보이지 않는가? 하나님의 말씀
을 묵상하는 시간을 가져라. 모든 것을 형통하게 하시는 아브라함의
하나님, 다윗의 하나님을 경험하게 되는 축복을 경험하게 될 것이다.

---

11) 시편 1장 2절

나의 반석이시요 나의 구속자이신 여호와여 내 입의 말과
마음의 묵상이 주님 앞에 열납되기를 원하나이다.[12]

우리가 살아가면서 자주 고백하는 말씀이다. 내 입의 말과 마음의 묵
상이 주께 열납되기 원하네. 입에서 나오는 말과 마음의 소리까지 모
두 하나님께서 들을 수 있는 아름다운 말을 하는 사람이 된다면 얼마나
기쁜 삶일까?

이런 기쁜 삶이 되기 위해 말씀을 묵상하며 살아가야 한다. 말씀 묵
상은 의지적으로 해야 한다. 아차 하는 순간 놓치게 된다. 현대인은 너
무 바쁘다. 그 분주함이 함정을 준다. 그 어떤 순간에도 말씀을 보는 것
을 말씀을 듣는 것을 말씀을 묵상하는 것을 놓치지 않아야 한다.

---

12)   시편19장 14절

7-6.

두려움을 이겨 내는 말씀 읽기 시간

두려움은 늘 우리 삶을 엄습한다. 믿음이 좋다고 말하는 사람도 믿음이 연약하다고 말하는 사람도 모두 똑같이 이 두려움에 노출된 채 살아간다. 마귀가 이 세상을 지배하고 있기 때문에 우리의 마음에 늘 두려움을 던진다. 마귀의 농간에 넘어가지 않기 위해 말씀으로 무장해야 하는 것이다.

말씀에는 이기는 힘이 있다. 말씀을 읽어 가며 하나님이 주시는 평안함을 경험할 수 있게 된다. 이 글을 보고 '에이, 뭐 성경을 읽어서 두려움이 사라질까?'라는 생각을 하는 독자들이 있다면 강력히 추천해 보고 싶다. 의문을 제기하려는 마음을 내려놓고 성경책을 천천히 읽어 내려가 보자.

그 속에 부어 주시는 하나님의 은혜를 경험하게 될 것이다. 그 은혜의 부요함에 빠지면 두려움에 대한 의문을 거둘 수 있게 된다. 그 시간 동안 회복의 영을 경험하게 된다. 성경에 대한 의문에서 '이래서 성경을 읽고 묵상하라고 한 것이었구나'라는 고백으로 바뀌게 된다.

너는 갑작스러운 두려움도 악인에게 닥치는 멸망도 두려워
하지 말라.[13]

잠언의 저자는 두려움에 대해 두려워하지 말라고 말하고 있다. 결국 두려움은 하나님이 주시는 생각이 아니라 마귀가 주는 마음임을 알아야 한다. 두려움에 떨 필요가 없다. 예수님의 피로 다시 살아나는 우리는 강건해졌다.

그 강건함은 하나님의 영인 성령을 통해 더 굳건해진다. 그래서 말씀을 묵상하며 기도하며 하나님의 음성에 귀 기울여야 하는 것이다. 신앙생활은 심플하다. 하나님을 바라보는 시간을 더 늘리면 된다. 그 속에 속사람이 자라 가면 된다.

혹자는 "사회생활하면서 언제 영적 경건 생활에 시간을 투자할 수 있느냐?"라고 물을 것이다. 사회생활하면서도 충분히 영적인 시간을 가

---

13) 잠언 3장 25절

질 수 있다. 생각을 바꾸면 된다.

내가 소비하고 있는 시간들, 그 속에 포함되어 있는 소모되는 시간들을 찾아내면 된다. 시작은 그렇게 자투리 시간부터 하면 된다. 그러다 영적 목마름이 커지고 말씀에 대한 묵상의 필요가 커지면 자연스럽게 생활 패턴을 바꾸게 된다.

저녁 약속을 줄이고 말씀을 보게 된다. 음악을 듣는 시간을 줄이고 말씀을 듣게 된다. 말씀만 보고 살아가라는 말이 아니다. 우리가 사는 삶도 충분히 제대로 살아 내야 한다. 그것이 우리의 사명이기 때문이다. 그 일상 안에 말씀 묵상과 기도의 시간을 더하자는 것이다.

불가능하지 않다. 내가 욕심낸 시간들을 내려놓으면 시간이 생긴다. 거기에 나의 취미에 투자하는 시간 중 일부를 떼어 말씀 묵상 시간으로 가져가면 오히려 시간 효율이 커진다.

두려움으로 인해 시간은 사용했지만 속도가 나지 않았던 일들의 속도를 높일 수 있다. 일석이조의 삶이 된다. 일도 하고 말씀도 볼 수 있는 사람이 된다. 우리가 어떤 업무든 경력직을 찾는 이유는 같은 일을 해도 들어가는 시간이 적기 때문이다.

말씀을 보는 시간을 통해 두려움을 마음에서 떨쳐 내게 되면 일하는 능률도 올라 속도가 올라간다. 그 경험을 해 본 사람들은 여러 가지 생각이 드는 일을 만날 때마다 말씀에 더 집중하게 되는 것이다.

주변에 신앙생활을 하며 늘 속사람이 강건해 보이고 '저 사람 참 멋있다'란 생각이 드는 사람이 있는가? 자세히 그 사람을 들여다보라. 분명 말씀을 더 가까이하고 기도하는 시간을 더 늘려 가고 있는 사람일 것이다.

하나님은 말씀을 묵상하는 주의 자녀들에게 강건함을 주신다. 그 멋져 보이는 사람에게는 두려움이 없고 걱정이 없을까? 그렇지 않다. 우리의 삶은 완전하지 않기 때문이다. 그럼에도 불구하고 그들이 멋진 삶을 이어 갈 수 있는 이유는 완전하신 하나님께 온전히 매달리는 삶을 살아가고 있기 때문이다.

두려움은 내가 스스로 컨트롤할 수 없다. 능동태가 아닌 수동태의 삶을 살아갈 때 이길 수 있다. 두려움은 강력하다. 쉽게 마음을 헤집어 놓는다. 그래서 그 강력함보다 더 힘이 센 하나님께 모든 것을 들고 나아가야 한다.

말씀을 읽으며 하나님 앞에 기도하며 나의 두려움을 고백하며 나아갈 때 하나님이 모든 것을 해결해 주신다. 하나님은 해결사다. 너무 큰 문제 같아 보이는 일들도 하나님께 가져가면 그저 별일 아닌 해프닝으로 종료된다. 우리는 그런 크신 능력의 하나님을 바라보고 살아가면 되는 것이다.

7-7.

말씀으로 은혜를 경험하다

　말씀을 읽으면 은혜 안에 들어가는 경험을 할 수 있다. 마음이 어렵고 복잡할 때에도 말씀을 읽어 가다 보면 하나님이 주시는 평안함을 경험하게 된다. 삶이 힘들고 무게가 무겁다면 그때가 가장 하나님의 은혜가 필요한 때이다. 하나님의 은혜는 반드시 말씀을 읽고 듣고 묵상하는 시간을 통해 경험하게 된다는 것을 기억하자.

　　평강의 하나님께서 속히 사탄을 너희 발아래에서 상하게 하
　　시리라. 우리 주 예수의 은혜가 너희에게 있을지어다.[14]

　평강의 하나님이 사탄을 무찔러 주셨다. 예수님의 은혜를 간구하며 살아가면 성령님이 늘 우리 마음에 부요함을 부어 주신다. 『고난은 축

---

14)　로마서 16장 20절

복이더라』를 쓰면서 하나님의 말씀에 대한 갈급함이 더 커져 간다. 말씀에 푹 잠겨 살아갈 수 있게 해달라고 기도하며 나아간다.

말씀을 보는 시간을 최대한 늘리며 살아가야 한다. 말씀을 보는 시간을 늘려 갈수록 속사람이 강건해진다.

> 우리가 다 하나님의 아들을 믿는 것과 아는 일에 하나가 되
> 어 온전한 사람을 이루어 그리스도의 장성한 분량이 충만한
> 데까지 이르리니[15]

우리는 그리스도의 장성한 분량에 이르러 아름답게 지어져 가는 하나님의 걸작품이다. 말씀으로 은혜를 경험한 사람은 기쁨에 가득 찬 삶을 살아갈 수 있다. 말씀의 은혜에 빠져 살아가면 근심과 걱정으로부터 자유로워질 수 있다.

"모든 것이 하나님의 은혜였다"라고 고백할 수 있는 삶을 살아가자. 하나님은 우리가 이 땅에서의 여정이 하나님과 동행하는 삶이길 원하신다. 하나님과 늘 가까이하며 늘 은혜 충만한 삶을 사는 나와 여러분이 되었으면 한다.

---

15) 에베소서 4장 13절

◆ 에필로그 ◆

　우리의 삶은 불완전하다. 피조물로서 살아가는 삶이기에 어쩌면 당연한 것이다. 마음 한쪽에는 늘 안정감을 갖고 싶어 하는 바람이 있다. 하나님은 이 안정감을 스스로에게서 찾기보다 하나님 안에서 찾기를 원하신다.

　고난과 고통의 시간을 통해 하나님의 사랑을 느끼게 하시길 원하신다. 하나님의 사랑을 느끼는 방법에는 여러 가지가 있지만 가장 힘든 시간인 고난의 시간을 경험하며 그 깊이를 깊게 느껴 볼 수 있다.

　고난과 고통을 지날 때는 '하나님 이 고통을 꼭 경험해야만 하는 걸까요?'라고 질문하게 된다. 힘겨운 시간을 보낼 때는 늘 한결같이 견디기가 어렵다. 명심해야 할 것은 하나님은 감당할 만한 고난만 주신다는 것이다.

　힘겨운 시험을 마치고 나면 자유가 주어진다. 수험생들은 수능이라는 큰 시험을 마친 날은 자유를 얻고 하루 동안 그 기쁨을 마음껏 느낀다.

수험생들의 기쁜 휴식처럼 우리에게 찾아온 고난을 이겨 내면 하나님은 큰 위로와 상급 그리고 휴식을 주신다. 그 시간을 통해 회복하게 되고 하나님의 깊고 넓은 사랑을 느끼게 된다.

하나님의 사랑이 느껴질 때면 눈물이 흐른다. 하염없이 흐른다. 감사한 마음에 감동이 묵직한 눈물방울이 되어 흐른다. 고통의 시간을 보냈기에 그 눈물이 더 묵직한 물방울이 되어 흘러내린다.

눈물은 너무 슬프거나 마음에 감동이 너무 커 벅찬 마음을 주체할 수 없을 때 흐른다. 고통의 시간을 보내던 어느 날, 예배 중에 벅찬 감동과 감사가 밀려왔다.

내 삶을 여기까지 인도해 주신 하나님의 사랑이 느껴져 눈물로 범벅이 된다. 그저 죄 많고 연약한 나를 하나님께서 너무 사랑하신다는 사실을 가슴 깊이 느끼게 된다.

벅찬 감동이 눈물이 되어 하염없이 흐른다. 하나님, 감사합니다. 사랑합니다. 부족하고 연약한 저를 사랑하여 주셔서, 사랑하신다 말씀해 주셔서 감사합니다.

우리는 하나님의 존귀한 피조물이다. 비록 죄로 얼룩져 오염이 되긴

했지만 예수님의 사랑으로 구원받았다. 그 십자가 사랑을 통해 하나님 앞에 다시 설 수 있게 되었다.

너무 힘든가? 이 땅의 삶이 고단한가? 무한한 하나님의 사랑을 느껴 보라. 예배 중에 강하게 임재하신 하나님의 사랑을 느낀다.

금요철야 예배를 드리다 하염없이 흐르는 눈물 때문에 감동에 이끌리 듯 글을 쓴다. 하나님, 저와 함께해 주시고 사랑해 주셔서 감사합니다.

'주 사랑이 나를 숨 쉬게 해'라는 찬양이 있다. 주님의 사랑은 나를 숨 쉬게 한다. 물리적으로 우리 몸은 공기를 마시고 내뱉어야 살아갈 수 있다.

영적으로 우리는 주님의 사랑으로 살아간다. 주 사랑을 공기처럼 마 시며 살아가야 한다. 이 땅의 삶은 고단하다. 때로 마음이 아프기도 하 고 때로 몸이 아프기도 하다.

이 땅에서의 삶은 만만치 않다. 힘들고 어려운 일을 만날 때마다 하 나님께 기도와 간구로 나아가야 한다. 기도하는 마음으로 살아가며 늘 기도할 때 하나님의 크고 크신 사랑을 느끼게 된다.

그 사랑이 나를 숨 쉬게 한다. 이 땅에서의 어려움을 극복할 수 있는 힘이 된다. 하나님의 사랑이 나를 숨 쉬게 한다. 그 사랑으로 힘내며 살아갈 때 우리 인생은 아름다워진다.

삶이 힘들 때마다 멈춰 서고 싶고 일어날 힘이 없다면 많은 분들이 이 책을 통해 위로받고 일어서기를 바란다. 누구에게나 고난과 고통의 시간은 있다. 하나님은 우리가 그 시간을 견뎌 내어 하나님의 사랑을 더 크게 느끼며 세상에 빛과 소금이 되기를 바라신다.

하나님의 무궁한 사랑을 느끼며 하루하루를 희망과 소망으로 채워 나가는 우리 모두의 삶이 되길 바라 본다.

고난은 축복이더라

ⓒ 알파(최지훈), 2023

초판 1쇄 발행 2023년 9월 1일

지은이   알파(최지훈)
펴낸이   이기봉
편집   좋은땅 편집팀
펴낸곳   도서출판 좋은땅
주소   서울특별시 마포구 양화로12길 26 지월드빌딩 (서교동 395-7)
전화   02)374-8616~7
팩스   02)374-8614
이메일   gworldbook@naver.com
홈페이지 www.g-world.co.kr

ISBN   979-11-388-2291-6 (03230)